Damit die Leser weder auf eine richtige noch auf eine falsche Fährte geraten, werden hier nur die Schauplätze und ein paar handelnde oder schwatzende Personen benannt.
– Das flachhügelige Dartmoor; darin weit auseinander liegende Gehöfte, darunter ein Gestüt; dazu Wärter, Jockeys, Wettspieler und natürlich Pferde. (Diese Geschichte ist der klassische Kurzkrimi schlechthin.)
– Ebenfalls auf dem Land, ein einstiger Neureichen-Palast, zeitweilig Internat gewesen, nun die Wohn- und Wirkungsstätte einer orientalisch orientierten Bruderschaft, mit einer Squash- oder Turnhalle, in der (halt! nicht weiter!)
– Ein College in Oxford mit einem soeben ermordeten Rektor, einem netten etwas schnöseligen Undergraduate, einem hereingeschneiten Spirituosen-Vertreter, einem ewig studierenden älteren Philologen und anderem Campus-Personal.
– Ein Dorf mit freundlichen Bewohnern, einem wohlgelittenen Pfarrer, einer großzügigen reichen Dame und ihrer treuen Schaffnerin – und einer Frau, die leicht tusselig, aber beherzt (etwa doch gewitzt?) drauflos redet.
– Ein Reihenhaus in der Vorstadt mit einem nicht jungen, aber jung vermählten Paar – du liebe Güte, was soll man dazu an dieser Stelle sagen?

An dieser Stelle sagen wir bloß: Wir wünschen Ihnen eine angenehme zweisprachige Lektüre.

Crime Stories
Englische Kurzkrimis

Auswahl und Übersetzung von Harald Raykowski

Deutscher Taschenbuch Verlag

dtv zweisprachig

Ausführliche Informationen über unsere
Autoren und Bücher
finden Sie auf unserer Website
www.dtv.de

MIX
Papier aus verantwortungsvollen Quellen
FSC® C013736

Originalausgabe
3. Auflage 2012
Der Band erschien erstmals 2004 unter
dem Titel ‹Three is a Lucky Number.
Drei ist eine Glückszahl› (dtv 9436)
Deutscher Taschenbuch Verlag GmbH & Co. KG, München

Umschlagkonzept: Balk & Brumshagen
Umschlagbild: Spencer Gore (1878–1914): Letchworth
bei Sonnenuntergang, mit Mann und Hund (1912)
Satz: Komdata, Nobber
Druck und Bindung: Kösel, Krugzell
Gedruckt auf säurefreiem, chlorfrei gebleichtem Papier
Printed in Germany · ISBN 978-3-423-09487-0

Arthur Conan Doyle
Silver Blaze · Silver Blaze
6 · 7

Ronald Knox
Solved by Inspection · Spurenlesen
74 · 75

Dorothy L. Sayers
Murder at Pentecost · Mord im College
106 · 107

Cyril Hare
Miss Burnside's Dilemma · Miss Burnsides Dilemma
138 · 139

Margery Allingham
Three is a Lucky Number · Drei ist eine Glückszahl
172 · 173

Anmerkungen 199 Bibliografie 202

Arthur Conan Doyle: Silver Blaze

"I am afraid, Watson, that I shall have to go," said Holmes, as we sat down together to our breakfast one morning.

"Go! Where to?"

"To Dartmoor – to King's Pyland."

I was not surprised. Indeed, my only wonder was that he had not already been mixed up in this extraordinary case, which was the one topic of conversation through the length and breadth of England. For a whole day my companion had rambled about the room with his chin upon his chest and his brows knitted, charging and recharging his pipe with the strongest black tobacco, and absolutely deaf to any of my questions or remarks. Fresh editions of every paper had been sent up by our newsagent only to be glanced over and tossed down into a corner. Yet, silent as he was, I knew perfectly well what it was over which he was brooding. There was but one problem before the public which could challenge his powers of analysis, and that was the singular disappearance of the favourite for the Wessex Cup, and the tragic murder of its trainer. When, therefore, he suddenly announced his intention of setting out for the scene of the drama, it was only what I had both expected and hoped for.

"I should be most happy to go down with you if I should not be in the way," said I.

"My dear Watson, you would confer a great favour upon me by coming. And I think that your time will not be misspent, for there are points about this case which promise to make it an absolutely unique one. We have, I think, just time

Arthur Conan Doyle: Silver Blaze

«Ich fürchte, Watson, ich werde hinfahren müssen», sagte Holmes, als wir uns eines Morgens zum gemeinsamen Frühstück niedersetzten.

«Hinfahren? Wohin denn?»

«Nach Dartmoor – nach King's Pyland.»

Das überraschte mich nicht. Erstaunlich war eigentlich nur, dass er nicht schon viel früher in diesen außergewöhnlichen Fall verwickelt worden war, der in ganz England das Gesprächsthema Nummer eins darstellte. Einen ganzen Tag lang war mein Freund im Zimmer auf und ab gegangen, den Kopf gesenkt, die Stirn in Falten, während er sich eine Pfeife nach der anderen mit starkem schwarzen Tabak stopfte und für alle meine Fragen und Bemerkungen taub blieb. Unser Zeitungshändler hatte immer wieder die neuesten Ausgaben sämtlicher Tageszeitungen heraufgeschickt, aber sie wurden nur kurz überflogen und dann in die Ecke geworfen. Doch wenn er auch schwieg, wusste ich genau, worüber er nachgrübelte. Es gab nur ein einziges allgemein bekanntes Rätsel, das für seinen analytischen Verstand eine Herausforderung darstellte, und das war das Aufsehen erregende Verschwinden des Favoriten im Rennen um den Wessex Cup und der schreckliche Mord an seinem Trainer. Insofern war Holmes' plötzliche Ankündigung, den Schauplatz dieses Dramas aufsuchen zu wollen, genau das, was ich sowohl erwartet als auch erhofft hatte.

«Ich würde mich sehr freuen, Sie zu begleiten, falls ich Ihnen dabei nicht im Weg bin», sagte ich.

«Mein lieber Watson, Sie täten mir einen außerordentlichen Gefallen, wenn Sie mitkämen. Sie würden Ihre Zeit damit gewiss nicht verschwenden, denn es gibt Anhaltspunkte dafür, dass sich dieser Fall als ganz einzigartig erweisen wird. Ich glaube, wir könnten unseren Zug am

to catch our train at Paddington, and I will go further into the matter upon our journey. You would oblige me by bringing with you your very excellent fieldglass."

And so it happened that an hour or so later I found myself in the corner of a first-class carriage, flying along, *en route* for Exeter, while Sherlock Holmes, with his sharp, eager face framed in his ear-flapped travelling-cap, dipped rapidly into the bundle of fresh papers which he had procured at Paddington. We had left Reading far behind us before he thrust the last of them under the seat, and offered me his cigar-case.

"We are going well," said he, looking out of the window, and glancing at his watch. "Our rate at present is fifty-three and a half miles an hour."

"I have not observed the quarter-mile posts," said I.

"Nor have I. But the telegraph posts upon this line are sixty yards apart, and the calculation is a simple one. I presume that you have already looked into this matter of the murder of John Straker and the disappearance of Silver Blaze?"

"I have seen what the *Telegraph* and the *Chronicle* have to say."

"It is one of those cases where the art of the reasoner should be used rather for the sifting of details than for the acquiring of fresh evidence. The tragedy has been so uncommon, so complete, and of such personal importance to so many people that we are suffering from a plethora of surmise, conjecture, and hypothesis. The difficulty is to detach the framework of fact – of absolute, undeniable fact – from the embellishments of

Bahnhof Paddington gerade noch erreichen. Während der Fahrt werde ich nähere Erläuterungen geben. Ich wäre Ihnen dankbar, wenn Sie Ihr großartiges Fernglas mitnähmen.»

Und so kam es, dass ich mich ungefähr eine Stunde später in der Ecke eines Erster-Klasse-Abteils wiederfand, in schneller Fahrt Exeter entgegeneilend, während Sherlock Holmes, dessen scharfe, kluge Gesichtszüge von den Ohrenklappen seiner Reisemütze eingerahmt waren, rasch das Bündel druckfrischer Zeitungen durchsah, die er in Paddington besorgt hatte. Reading lag schon lange hinter uns, als er die letzte davon unter die Sitzbank schob und mir eine Zigarre anbot.

«Wir kommen gut voran», bemerkte er, als er erst aus dem Fenster und dann auf seine Uhr sah. «Unsere Geschwindigkeit beträgt im Augenblick dreiundfünfzigeinhalb Meilen in der Stunde.»

«Ich habe nicht auf die Viertelmeilensteine geachtet», sagte ich.

«Ich auch nicht, aber der Abstand zwischen den Telegrafenmasten beträgt auf dieser Strecke sechzig Yards, und der Rest ist leicht zu errechnen. Ich nehme an, Sie haben sich schon Gedanken gemacht über den Mord an John Straker und das Verschwinden von Silver Blaze?»

«Ich habe gelesen, was darüber im ‹Telegraph› und im ‹Chronicle› stand.»

«Dies ist einer von den Fällen, in denen der Verstandesmensch sein Können auf die genaue Überprüfung der einzelnen Fakten richten sollte und nicht darauf, neue Spuren zu suchen. Diese Tragödie war so ungewöhnlich, so überwältigend und für viele Menschen von so großer persönlicher Bedeutung, dass wir unter der Masse von Verdächtigungen, Mutmaßungen und Hypothesen fast ersticken. Die Schwierigkeit besteht nun darin, die nackten Tatsachen – die absoluten, unumstößlichen Tatsachen – von den Aus-

theorists and reporters. Then, having established ourselves upon this sound basis, it is our duty to see what inferences may be drawn, and which are the special points upon which the whole mystery turns. On Tuesday evening I received telegrams, both from Colonel Ross, the owner of the horse, and from Inspector Gregory, who is looking after the case, inviting my co-operation."

"Tuesday evening!" I exclaimed. "And this is Thursday morning. Why did you not go down yesterday?"

"Because I made a blunder, my dear Watson – which is, I am afraid, a more common occurrence than anyone would think who only knew me through your memoirs. The fact is that I could not believe it possible that the most remarkable horse in England could long remain concealed, especially in so sparsely inhabited a place as the north of Dartmoor. From hour to hour yesterday I expected to hear that he had been found, and that his abductor was the murderer of John Straker. When, however, another morning had come and I found that, beyond the arrest of young Fitzroy Simpson, nothing had been done, I felt that it was time for me to take action. Yet in some ways I feel that yesterday has not been wasted."

"You have formed a theory then?"

"At least I have a grip of the essential facts of the case. I shall enumerate them to you, for nothing clears up a case so much as stating it to another person, and I can hardly expect your co-operation if I do not show you the position from which we start."

I lay back against the cushions, puffing at my cigar, while Holmes, leaning forward, with his long thin forefinger checking off the points upon

schmückungen durch Fantasten und Reporter zu trennen. Wenn wir uns dann eine tragfähige Grundlage geschaffen haben, müssen wir uns anschauen, welche Schlüsse daraus gezogen werden können und welches die Angelpunkte dieses rätselhaften Falles sind. Am Dienstagabend erhielt ich Telegramme von Colonel Ross, dem Besitzer des Pferdes, und von Inspektor Gregory, der den Fall untersucht, in denen mich beide um meine Mitarbeit baten.»

«Dienstagabend!» rief ich aus. «Und jetzt ist Donnerstagmorgen. Warum sind Sie nicht schon gestern hingefahren?»

«Weil ich einen Fehler gemacht habe, mein lieber Watson – was leider häufiger vorkommt, als mancher glauben würde, der mich nur aus Ihren Memoiren kennt. Ich hielt es tatsächlich für unmöglich, dass man das beste Rennpferd Englands längere Zeit versteckt halten könnte, und dazu noch in einer so menschenleeren Gegend wie dem nördlichen Dartmoor. Gestern erwartete ich stündlich zu hören, dass man es gefunden habe und dass sein Entführer der Mörder von John Straker sei. Als dann aber ein neuer Morgen heraufzog und ich feststellen musste, dass sich außer der Verhaftung des jungen Fitzroy Simpson nichts ereignet hatte, hielt ich die Zeit für gekommen, etwas zu unternehmen. In gewisser Hinsicht meine ich trotzdem, dass die Zeit gestern nicht vertan war.»

«Sie haben also eine Theorie?»

«Zumindest stehen mir die wichtigsten Umstände des Falles klar vor Augen. Ich werde Sie Ihnen aufzählen, denn ein Fall lässt sich leichter aufklären, wenn man ihn einem anderen Menschen beschreibt. Außerdem kann ich kaum auf Ihre Mitarbeit hoffen, wenn ich Ihnen nicht unsere Ausgangsposition klar mache.»

Ich lehnte mich also in die Polster zurück und zog an meiner Zigarre, während Holmes sich vorbeugte und mir, indem er Punkt für Punkt mit seinem langen, knochigen

the palm of his left hand, gave me a sketch of the events which had led to our journey.

"Silver Blaze," said he, "is from the Isonomy stock, and holds as brilliant a record as his famous ancestor. He is now in his fifth year, and has brought in turn each of the prizes of the turf to Colonel Ross, his fortunate owner. Up to the time of the catastrophe he was first favourite for the Wessex Cup, the betting being three to one on. He has always, however, been a prime favourite with the racing public, and has never yet disappointed them, so that even at short odds enormous sums of money have been laid upon him. It is obvious, therefore, that there were many people who had the strongest interest in preventing Silver Blaze from being there at the fall of the flag next Tuesday.

"This fact was, of course, appreciated at King's Pyland, where the Colonel's training stable is situated. Every precaution was taken to guard the favourite. The trainer, John Straker, is a retired jockey, who rode in Colonel Ross's colours before he became too heavy for the weighing-chair. He has served the Colonel for five years as jockey, and for seven as trainer, and has always shown himself to be a zealous and honest servant. Under him were three lads; for the establishment was a small one, containing only four horses in all. One of these lads sat up each night in the stable, while the others slept in the loft. All three bore excellent characters. John Straker, who is a married man, lived in a small villa about two hundred yards from the stables. He has no children, keeps one maid-servant, and is comfortably off. The country round is very lonely, but about half a mile to the north there is a small cluster of villas which have been built by a

Zeigefinger auf dem linken Handteller abhakte, knapp die Ereignisse schilderte, die der Anlass unserer Reise waren.

«Silver Blaze», begann er, «stammt aus der Isonomy-Zucht und ist ebenso erfolgreich wie sein berühmter Vorfahr. Er ist jetzt fünf Jahre alt und hat für seinen glücklichen Besitzer, Colonel Ross, nacheinander sämtliche Pokalrennen gewonnen. Vor der Katastrophe galt er als haushoher Favorit für den Wessex Cup, die Wetten standen drei zu eins auf Sieg. Er war aber schon vorher immer der besondere Liebling der Rennplatzbesucher und hat sie noch nie enttäuscht, so dass gewaltige Summen auf ihn gesetzt worden sind, obwohl die Wettquote niedrig war. Es ist daher einleuchtend, dass es viele Menschen gegeben hat, die ein großes Interesse daran hatten zu verhindern, dass Silver Blaze am nächsten Dienstag an den Start geht.

Das wusste man natürlich auch in King's Pyland, wo der Colonel seinen Rennstall hat. Es wurden alle Vorkehrungen getroffen, um den Favoriten zu schützen. Der Trainer, John Straker, war früher Jockey und ritt für Colonel Ross, bis er zu viel Gewicht auf die Waage brachte. Er war fünf Jahre lang als Jockey und sieben als Trainer im Dienst des Colonel und er war immer ein tüchtiger und zuverlässiger Mitarbeiter. Er hatte drei Stallburschen unter sich, denn der Rennstall ist klein und besitzt nur vier Pferde. Einer dieser Burschen hielt nachts unten im Stall Wache, während die anderen im Obergeschoss schliefen. Alle drei haben einen ausgezeichneten Leumund. John Straker ist verheiratet und wohnt etwa zweihundert Yards von den Ställen entfernt in einem kleinen Haus. Er ist kinderlos, hat ein Hausmädchen und ist wirtschaftlich gut gestellt. Die Gegend ist sehr einsam, aber etwa eine halbe Meile nördlich gibt es eine kleine Gruppe Landhäuser, die ein Unternehmer aus Tavistock für Kranke und andere

Tavistock contractor for the use of invalids and others who may wish to enjoy the pure Dartmoor air. Tavistock itself lies two miles to the west, while across the moor, also about two miles distant, is the larger training establishment of Capleton, which belongs to Lord Backwater, and is managed by Silas Brown. In every other direction the moor is a complete wilderness, inhabited only by a few roaming gipsies. Such was the general situation last Monday night, when the catastrophe occurred.

"On that evening the horses had been exercised and watered as usual, and the stables were locked up at nine o'clock. Two of the lads walked up to the trainer's house, where they had supper in the kitchen, while the third, Ned Hunter, remained on guard. At a few minutes after nine the maid, Edith Baxter, carried down to the stables his supper, which consisted of a dish of curried mutton. She took no liquid, as there was a water-tap in the stables, and it was the rule that the lad on duty should drink nothing else. The maid carried a lantern with her, as it was very dark, and the path ran across the open moor.

"Edith Baxter was within thirty yards of the stables when a man appeared out of the darkness and called to her to stop. As he stepped into the circle of yellow light thrown by the lantern she saw that he was a person of gentlemanly bearing, dressed in a grey suit of tweed with a cloth cap. He wore gaiters, and carried a heavy stick with a knob to it. She was most impressed, however, by the extreme pallor of his face and by the nervousness of his manner. His age, she thought, would be rather over thirty than under it.

"'Can you tell me where I am?' he asked. 'I had almost made up my mind to sleep on the moor when I saw the light of your lantern.'

Leute gebaut hat, die die reine Luft von Dartmoor suchen. Tavistock selbst liegt etwa zwei Meilen weiter westlich, während sich auf der anderen Seite im Moor, ebenfalls rund zwei Meilen entfernt, das größere Übungsgelände von Capleton befindet, das Lord Backwater gehört und dessen Betriebsleiter Silas Brown ist. Die weitere Umgebung besteht aus wildem Heideland, wo höchstens ein paar umherziehende Zigeuner leben. Das war der Stand der Dinge am letzten Montagabend, als sich die Katastrophe ereignete.

An diesem Abend war man mit den Pferden ausgeritten und hatte ihnen zu trinken gegeben, bevor die Ställe um neun Uhr abgeschlossen wurden. Zwei der Stallburschen gingen hinüber zum Haus des Trainers, wo sie in der Küche zu Abend aßen, während der dritte, Ned Hunter, als Wache zurückblieb. Kurz nach neun brachte ihm das Hausmädchen, Edith Baxter, sein Abendessen, ein Hammelcurry. Zu trinken nahm sie nichts mit, denn im Stallgebäude gibt es einen Wasserhahn, und es ist Vorschrift, dass der Wachhabende nichts anderes trinken darf. Da es sehr dunkel war und der Weg über das offene Moor führte, hatte das Mädchen eine Laterne bei sich.

Edith Baxter hatte sich den Ställen bis auf dreißig Yards genähert, da tauchte plötzlich ein Mann aus der Dunkelheit auf und bat sie, stehenzubleiben. Als er in den Lichtkegel ihrer Laterne trat, sah sie, dass er das Aussehen eines Gentleman hatte. Er hatte einen grauen Anzug aus Tweed an und eine flache Mütze. Dazu trug er Wickelgamaschen und führte einen Knotenstock mit dickem Knauf bei sich. Besonders fielen ihr aber seine Blässe und sein unruhiges Verhalten auf. Sein Alter schätzte sie auf etwas über dreißig.

‹Können Sie mir sagen, wo ich hier bin?› fragte er. ‹Ich hatte fast schon beschlossen, im Moor zu übernachten, da sah ich Ihre Laterne.›

"'You are close to the King's Pyland training stables,' she said.

"'Oh, indeed! What a stroke of luck!' he cried. 'I understand that a stable boy sleeps there alone every night. Perhaps that is his supper which you are carrying to him. Now I am sure that you would not be too proud to earn the price of a new dress, would you?' He took a piece of white paper folded up out of his waistcoat pocket. 'See that the boy has this tonight, and you shall have the prettiest frock that money can buy.'

"She was frightened by the earnestness of his manner, and ran past him to the window through which she was accustomed to hand the meals. It was already open, and Hunter was seated at the small table inside. She had begun to tell him of what had happened, when the stranger came up again.

"'Good evening,' said he, looking through the window, 'I wanted to have a word with you.' The girl has sworn that as he spoke she noticed the corner of the little paper packet protruding from his closed hand.

"'What business have you here?' asked the lad.

"'It's business that may put something into your pocket,' said the other. 'You've two horses in for the Wessex Cup – Silver Blaze and Bayard. Let me have the straight tip, and you won't be a loser. Is it a fact that at the weights Bayard could give the other a hundred yards in five furlongs, and that the stable have put their money on him?'

"'So you're one of those damned touts,' cried the lad. 'I'll show you how we serve them in King's Pyland.' He sprang up and rushed across the stable to unloose the dog. The girl fled away to the house, but as she ran she looked back, and saw that the stranger was leaning through the window. A

‹Sie sind in der Nähe der Rennställe von King's Pyland›, antwortete sie.

‹Na, so ein Zufall!› rief er aus. ‹Ich habe gehört, dass einer der Stallburschen dort immer übernachtet. Womöglich bringen Sie ihm da gerade sein Abendessen. Nun, ich bin sicher, dass Sie nicht zu stolz sind, sich das Geld für ein neues Kleid zu verdienen, wie?› Er nahm ein zusammengefaltetes Stück Papier aus seiner Westentasche. ‹Sorgen Sie dafür, dass der Bursche das heute Abend bekommt, und Sie sollen das schönste Kleid haben, das man für Geld kaufen kann.›

Sie war ganz verschüchtert von seiner drängenden Art und rannte an ihm vorüber zu dem Fenster, durch das sie immer die Mahlzeiten reichte. Es stand schon offen, und Hunter saß drinnen an einem kleinen Tisch. Sie wollte ihm gerade von dem Vorfall erzählen, da erschien der Fremde wieder.

‹Guten Abend›, sagte er und sah zum Fenster hinein. ‹Ich möchte mit Ihnen reden.› Das Mädchen versichert, sie habe gesehen, dass er das gefaltete Papier in der Hand hielt, während er sprach.

‹Was wollen Sie hier?› fragte der Stallbursche.

‹Etwas, woran sie verdienen könnten›, entgegnete der andere. ‹Sie haben für den Wessex Cup zwei Pferde nominiert: Silver Blaze und Bayard. Geben Sie mir einen sicheren Tip, und es soll nicht Ihr Schaden sein. Stimmt es, dass Bayard leichter ist und dem anderen nach einer halben Meile hundert Yards voraus sein könnte, und dass der Besitzer sein Geld auf ihn setzt?›

‹Sie sind also einer von diesen verdammten Wettschnüfflern!› rief der Stallbursche. ‹Ich wird Ihnen zeigen, was wir mit denen in King's Pyland machen.› Und er rannte auf die andere Seite des Stalls, um den Hund von der Kette zu lassen. Das Mädchen flüchtete zurück zum Haus, aber als sie sich im Laufen einmal umdrehte, sah sie, wie sich

minute later, however, when Hunter rushed out with the hound he was gone, and though the lad ran all round the buildings he failed to find any trace of him."

"One moment!" I asked. "Did the stable boy, when he ran out with the dog, leave the door unlocked behind him?"

"Excellent, Watson; excellent!" murmured my companion. "The importance of the point struck me so forcibly, that I sent a special wire to Dartmoor yesterday to clear the matter up. The boy locked the door before he left it. The window, I may add, was not large enough for a man to get through.

"Hunter waited until his fellow-grooms had returned, when he sent a message up to the trainer and told him what had occurred. Straker was excited at hearing the account, although he does not seem to have quite realized its true significance. It left him, however, vaguely uneasy, and Mrs Straker, waking at one in the morning, found that he was dressing. In reply to her inquiries, he said that he could not sleep on account of his anxiety about the horses, and that he intended to walk down to the stables to see that all was well. She begged him to remain at home, as she could hear the rain pattering against the windows, but in spite of her entreaties he pulled on his large mackintosh and left the house.

"Mrs Straker awoke at seven in the morning, to find that her husband had not yet returned. She dressed herself hastily, called the maid, and set off for the stables. The door was open; inside, huddled together upon a chair, Hunter was sunk in a state of absolute stupor, the favourite's stall was empty, and there were no signs of his trainer.

der Fremde durchs Fenster beugte. Eine Minute später, als Hunter mit dem Hund herausgelaufen kam, war der Mann verschwunden, und obwohl der Bursche alles um die Stallungen herum absuchte, war keine Spur von ihm zu sehen.»

«Einen Augenblick!» unterbrach ich ihn. «Hat der Stallbursche, als er mit dem Hund herausrannte, die Tür hinter sich offen gelassen?»

«Sehr gut, Watson, sehr gut!» brummte mein Freund. «Ich fand diese Frage so wichtig, dass ich gestern ein Eiltelegramm nach Dartmoor schickte, um das zu klären. Der Bursche hat die Tür hinter sich abgeschlossen. Ich will noch hinzufügen, dass das Fenster nicht groß genug war, um hindurchzuklettern.

Hunter wartete, bis die beiden anderen Stallburschen zurückkamen, dann schickte er dem Trainer eine Mitteilung über den Vorfall. Straker war sehr erregt, als er davon hörte, aber die volle Bedeutung scheint er nicht erfasst zu haben. Die Sache ließ ihm aber keine Ruhe, und als Mrs. Straker um ein Uhr früh aufwachte, stellte sie fest, dass er dabei war, sich anzuziehen. Auf ihre Fragen hin sagte er, er mache sich Sorgen wegen der Pferde und könne nicht schlafen und er wolle zu den Ställen hinuntergehen, um sich davon zu überzeugen, dass alles in Ordnung war. Sie bat ihn dazubleiben, da sie Regen gegen die Fensterscheiben prasseln hörte, aber trotz ihrer inständigen Bitten zog er seinen Regenmantel über und verließ das Haus.

Um sieben Uhr wachte Mrs. Straker auf und stellte fest, dass ihr Mann noch nicht zurück war. Sie kleidete sich eilig an, rief das Hausmädchen und machte sich auf den Weg zu den Ställen. Die Tür stand offen. Drinnen saß Hunter zusammengesunken und völlig benommen auf einem Stuhl, die Box des Favoriten war leer, und vom Trainer gab es keine Spur.

"The two lads who slept in the chaff cutting loft above the harness-room were quickly roused. They had heard nothing during the night, for they are both sound sleepers. Hunter was obviously under the influence of some powerful drug; and, as no sense could be got out of him, he was left to sleep it off while the two lads and the two women ran out in search of the absentees. They still had hopes that the trainer had for some reason taken out the horse for early exercise, but on ascending the knoll near the house, from which all the neighbouring moors were visible, they not only could see no signs of the favourite, but they perceived something which warned them that they were in the presence of a tragedy.

"About a quarter of a mile from the stables, John Straker's overcoat was flapping from a furze bush. Immediately beyond there was a bowl-shaped depression in the moor, and at the bottom of this was found the dead body of the unfortunate trainer. His head had been shattered by a savage blow from some heavy weapon, and he was wounded in the thigh, where there was a long, clean cut, inflicted evidently by some very sharp instrument. It was clear, however, that Straker had defended himself vigorously against his assailants, for in his right hand he held a small knife, which was clotted with blood up to the handle, while in his left he grasped a red and black silk cravat, which was recognized by the maid as having been worn on the preceding evening by the stranger who had visited the stables.

"Hunter, on recovering from his stupor, was also quite positive as to the ownership of the cravat. He was equally certain that the same stranger had,

Die zwei Burschen, die über dem Raum mit dem Sattelzeug auf dem Häckselboden übernachtet hatten, wurden rasch geweckt. Da sie beide fest schliefen, hatten sie während der Nacht nichts gehört. Hunter war offensichtlich mit einem starken Mittel betäubt worden, und da kein vernünftiges Wort aus ihm herauszubringen war, ließ man ihn schlafen, während die zwei Stallburschen und die beiden Frauen sich auf sie Suche nach den Vermissten machten. Sie hatten anfangs noch die Hoffnung, der Trainer könnte mit dem Pferd sehr früh ausgeritten sein, aber als sie den Hügel beim Haus erstiegen, von wo aus man das umliegende Moor überblicken kann, sahen sie keine Spur von dem edlen Pferd. Statt dessen bemerkten sie etwas, das sie fürchten ließ, es könnte sich eine Tragödie ereignet haben.

Etwa eine Viertelmeile von den Ställen entfernt hing John Strakers Regenmantel flatternd an einem Ginsterbusch. Unmittelbar dahinter befand sich im Moor eine kreisförmige Senke, und ganz unten darin wurde die Leiche des unglücklichen Trainers entdeckt. Sein Schädel war durch einen furchtbaren Schlag mit einem schweren Gegenstand zertrümmert worden, und am Oberschenkel hatte er eine lange gerade Schnittwunde, die offenkundig von einem sehr scharfen Objekt herrührte. Es war jedoch deutlich zu sehen, dass Straker sich gegen seine Angreifer heftig zur Wehr gesetzt hatte, denn in seiner rechten Hand hielt er ein kleines Messer, das bis zum Griff mit Blut verschmiert war, während seine Linke einen rot-schwarzen Seidenschal umklammerte, den das Mädchen als jenen wiedererkannte, den der Fremde getragen hatte, der am Abend zuvor zu den Ställen gekommen war.

Als Hunter aus seiner Betäubung erwacht war, bestätigte er ebenfalls zweifelsfrei, wem der Schal gehörte. Auch war er davon überzeugt, dass der Fremde, während er am

while standing at the window, drugged his curried mutton, and so deprived the stables of their watchman.

"As to the missing horse, there were abundant proofs in the mud which lay at the bottom of the fatal hollow, that he had been there at the time of the struggle. But from that morning he has disappeared; and although a large reward has been offered, and all the gipsies of Dartmoor are on the alert, no news has come of him. Finally an analysis has shown that the remains of his supper, left by the stable lad, contain an appreciable quantity of powdered opium, while the people of the house partook of the same dish on the same night without any ill effect.

"Those are the main facts of the case stripped of all surmise and stated as baldly as possible. I shall now recapitulate what the police have done in the matter.

"Inspector Gregory, to whom the case has been committed, is an extremely competent officer. Were he but gifted with imagination he might rise to great heights in his profession. On his arrival he promptly found and arrested the man upon whom suspicion naturally rested. There was little difficulty in finding him, for he was thoroughly well known in the neighbourhood. His name, it appears, was Fitzroy Simpson. He was a man of excellent birth and education, who had squandered a fortune upon the turf, and who lived now by doing a little quiet and genteel bookmaking in the sporting clubs of London. An examination of his betting-book shows that bets to the amount of five thousand pounds had been registered by him against the favourite.

"On being arrested he volunteered the statement that he had come down to Dartmoor in the hope of getting some information about the King's Pyland horses; and also about Desborough, the second favourite,

Fenster stand, ihm etwas in sein Hammelcurry getan habe, so dass die Ställe keinen Bewacher hatten.

Was das verschwundene Pferd betrifft, so fanden sich im feuchten Boden der Senke zahlreiche Hinweise, dass es zur Zeit des tödlichen Kampfes dort war. Aber seit diesem Morgen ist es verschwunden, und obwohl eine hohe Belohnung ausgesetzt ist und alle Zigeuner im Moor alarmiert worden sind, hat man nichts von ihm gehört. Und schließlich hat eine Analyse der Essensreste, die der Stallbursche übriggelassen hatte, gezeigt, dass sie eine größere Menge Opium in Pulverform enthalten, während die Hausbewohner an diesem Abend dasselbe gegessen haben, ohne dass ihnen davon schlecht wurde.

Das sind die wichtigsten Fakten dieses Falles, allesamt nachprüfbar und so sachlich wie möglich geschildert. Ich werde jetzt zusammenfassen, was die Polizei bisher unternommen hat.

Inspektor Gregory, dem man den Fall übertragen hat, ist ein äußerst fähiger Beamter. Wenn er auch noch etwas Fantasie besäße, könnte er es in seinem Beruf weit bringen. Kurz nach seiner Ankunft entdeckte er den Mann, der verständlicherweise verdächtig ist, und nahm ihn fest. Ihn zu finden war nicht schwer, denn er ist in der Gegend bestens bekannt. Sein Name ist anscheinend Fitzroy Simpson. Er ist ein gebildeter Mann aus guter Familie, der bei Pferderennen ein Vermögen vergeudet hat und der jetzt davon lebt, dass er sich im stillen in Londoner Klubs als Buchmacher für sportbegeisterte Herren betätigt. Ein Blick in sein Wettbuch hat gezeigt, dass bei ihm für fünftausend Pfund Wetten darauf abgeschlossen worden sind, dass der Favorit nicht gewinnt.

Bei seiner Verhaftung gab er an, nach Dartmoor gekommen zu sein in der Hoffnung, Informationen über die Pferde von King's Pyland ebenso wie über Desborough zu erhalten, den zweiten Favoriten und Schützling von Silas

which was in charge of Silas Brown, at the Capleton stables. He did not attempt to deny that he had acted as described upon the evening before, but declared that he had no sinister designs, and had simply wished to obtain first-hand information. When confronted with the cravat he turned very pale, and was utterly unable to account for its presence in the hand of the murdered man. His wet clothing showed that he had been out in the storm of the night before, and his stick, which was a Penang lawyer, weighted with lead, was just such a weapon as might, by repeated blows, have inflicted the terrible injuries to which the trainer had succumbed.

"On the other hand, there was no wound upon his person, while the state of Straker's knife would show that one, at least, of his assailants must bear his mark upon him. There you have it all in a nutshell, Watson, and if you can give me any light I shall be infinitely obliged to you."

I had listened with the greatest interest to the statement which Holmes, with characteristic clearness, had laid before me. Though most of the facts were familiar to me, I had not sufficiently appreciated their relative importance, nor their connection with each other.

"Is it not possible," I suggested, "that the incised wound upon Straker may have been caused by his own knife in the convulsive struggles which follow any brain injury?"

"It is more than possible; it is probable," said Holmes. "In that case one of the main points in favour of the accused disappears."

"And yet," said I, "even now I fail to understand what the theory of the police can be."

Brown im Stall von Capleton. Er hat nicht bestritten, sich am Abend zuvor so verhalten zu haben, wie ich es beschrieben habe, aber er beteuerte, dass er keine bösen Absichten verfolgt habe, sondern nur Informationen aus erster Hand bekommen wollte. Als man ihm den Schal vorhielt, wurde er bleich und zeigte sich außerstande zu erklären, wie dieser in die Hand des Ermordeten gekommen sein könnte. Seine durchnässte Kleidung bewies, dass er während des Unwetters in der Nacht zuvor im Freien gewesen war, und sein Stock mit Bleiknauf, ein sogenannter Penang Lawyer, war genau die Art von Gegenstand, mit dem durch wiederholte Schläge die furchtbaren Verletzungen hätten zugefügt werden können, denen der Trainer erlegen ist.

Andererseits waren an ihm keine Wunden zu entdekken, während alles an Strakers Messer darauf hindeutete, dass mindestens einer seiner Angreifer Spuren davon aufweisen müsste. Das wär's in wenigen Worten, Watson, und wenn Sie mir etwas Erhellendes dazu sagen könnten, wäre ich Ihnen sehr zu Dank verpflichtet.»

Ich hatte mit größter Aufmerksamkeit gelauscht, während Holmes mit der ihm eigenen Klarheit diese Ausführungen machte. Mir waren zwar die Fakten großenteils bekannt gewesen, aber welche Bedeutung ihnen jeweils zukam und in welchem Verhältnis sie zueinander standen, hatte ich nicht hinreichend bedacht.

«Wäre es nicht möglich,» warf ich ein, «dass Straker sich durch die Zuckungen, die jede Gehirnverletzung mit sich bringt, die Schnittwunde mit seinem eigenen Messer beigebracht hat?»

«Das ist nicht nur möglich, das ist sogar wahrscheinlich», entgegnete Holmes. «In diesem Fall entfällt ein wichtiges Argument zur Entlastung des Beschuldigten.»

«Trotzdem kann ich mir nicht vorstellen», gestand ich, «welche Theorie die Polizei haben könnte.»

"I am afraid that whatever theory we state has very grave objections to it," returned my companion. "The police imagine, I take it, that this Fitzroy Simpson, having drugged the lad, and having in some way obtained a duplicate key, opened the stable door, and took out the horse, with the intention, apparently, of kidnapping him altogether. His bridle is missing, so that Simpson must have put it on. Then, having left the door open behind him, he was leading the horse away over the moor, when he was either met or overtaken by the trainer. A row naturally ensued, Simpson beat out the trainer's brains with his heavy stick without receiving any injury from the small knife which Straker used in self defence; and then the thief either led the horse on to some secret hiding-place, or else it may have bolted during the struggle, and be now wandering out on the moors. That is the case as it appears to the police, and improbable as it is, all other explanations are more improbable still. However, I shall very quickly test the matter when I am once upon the spot, and until then I really cannot see how we can get much further than our present position."

It was evening before we reached the little town of Tavistock, which lies, like the boss of a shield, in the middle of the huge circle of Dartmoor. Two gentlemen were awaiting us at the station; the one a tall fair man with lion-like hair and beard, and curiously penetrating light blue eyes, the other a small alert person, very neat and dapper, in a frock-coat and gaiters, with trim little side-whiskers and an eyeglass. The latter was Colonel Ross, the well-known sportsman, the other Inspector Gregory, a man who was rapidly making his name in the English detective service.

« Leider gibt es gegen jede Theorie, die man vorbringen kann, schwerwiegende Einwände », erwiderte mein Freund. « Die Polizei nimmt vermutlich an, dass dieser Fitzroy Simpson, nachdem er den jungen Mann betäubt und sich irgendwie einen Zweitschlüssel besorgt hatte, die Stalltür öffnete und das Pferd herausholte, anscheinend in der Absicht, es zu entführen. Sein Zaumzeug fehlt, so dass Simpson es ihm angelegt haben muss. Er ließ die Stalltür offen und führte das Pferd übers Moor davon, wo der Trainer ihn entweder einholte oder zufällig antraf. Es kam naturgemäß zu einer Auseinandersetzung, Simpson schlug dem Trainer mit seinem schweren Stock den Schädel ein, ohne selbst Verletzungen durch das kleine Messer davonzutragen, mit dem Straker sich zur Wehr setzte, und dann brachte der Dieb das Pferd entweder in ein geheimes Versteck, oder es ging im Verlauf des Kampfes durch und streift jetzt im Moor umher. Das ist der Hergang, wie er sich der Polizei darstellt. Er ist zwar wenig wahrscheinlich, aber alles andere ist noch unwahrscheinlicher. Ich werde das aber schnell überprüfen, sobald ich an Ort und Stelle bin, und bis dahin sehe ich nicht, wie wir über den Punkt hinauskommen können, den wir im Augenblick erreicht haben. »

Es war schon später Nachmittag, als wir die kleine Stadt Tavistock erreichten, die wie der Buckel eines riesigen Schildes mitten in Dartmoor liegt, von dem es kreisförmig umgeben ist. Zwei Herren erwarteten uns am Bahnhof, der eine ein großer Mann mit einer blonden Löwenmähne und buschigem Bart sowie merkwürdig stechenden blauen Augen; der andere, klein und lebhaft, mit elegantem Gehrock und Gamaschen, gepflegtem Backenbart und Monokel. Letzterer war Colonel Ross, in Sportkreisen wohlbekannt, der andere Inspektor Gregory, ein Mann, der im Begriff war, sich bei der englischen Kriminalpolizei einen großen Namen zu machen.

"I am delighted that you have come down, Mr Holmes," said the Colonel. "The Inspector here has done all that could possibly be suggested; but I wish to leave no stone unturned in trying to avenge poor Straker, and in recovering my horse."

"Have there been any fresh developments?" asked Holmes.

"I am sorry to say that we have made very little progress," said the Inspector. "We have an open carriage outside, and as you would no doubt like to see the place before the light fails, we might talk it over as we drive."

A minute later we were all seated in a comfortable landau and were rattling through the quaint old Devonshire town. Inspector Gregory was full of his case, and poured out a stream of remarks, while Holmes threw in an occasional question or interjection. Colonel Ross leaned back with his arms folded and his hat tilted over his eyes, while I listened with interest to the dialogue of the two detectives. Gregory was formulating his theory, which was almost exactly what Holmes had foretold in the train.

"The net is drawn pretty close round Fitzroy Simpson," he remarked, "and I believe myself that he is our man. At the same time, I recognize that the evidence is purely circumstantial, and that some new development may upset it."

"How about Straker's knife?"

"We have quite come to the conclusion that he wounded himself in his fall."

"My friend Dr Watson made that suggestion to me as we came down. If so, it would tell against this man Simpson."

«Ich freue mich sehr, dass Sie zu uns gekommen sind, Mr. Holmes», sagte der Colonel. «Der Inspektor hier hat zwar alles getan, was nur vorstellbar ist, aber ich möchte trotzdem nichts unversucht lassen, um den armen Straker zu rächen und wieder in den Besitz meines Pferdes zu gelangen.»

«Gibt es irgendwelche neuen Erkenntnisse?» fragte Holmes.

«Ich muss leider sagen, dass wir kaum vorangekommen sind», antwortete der Inspektor. «Draußen wartet eine offene Kutsche, und da Sie vermutlich die Örtlichkeiten noch vor Einbruch der Dunkelheit sehen wollen, sollten wir alles Weitere während der Fahrt besprechen.»

Kurz darauf saßen wir alle in einem bequemen Landauer und rumpelten durch dieses malerische alte Städtchen in der Grafschaft Devon. Inspektor Gregory war ganz erfüllt von seinem Fall und sprudelte von Informationen, und Holmes warf gelegentlich eine Frage oder Bemerkung ein. Colonel Ross lehnte sich, den Hut schräg ins Gesicht gezogen, mit verschränkten Armen zurück, während ich dem Gespräch zwischen den beiden Detektiven aufmerksam zuhörte. Gregory legte gerade seine Theorie dar, die fast genau dem entsprach, was Holmes im Zug vorhergesagt hatte.

«Wir haben das Netz um Fitzroy Simpson ziemlich eng zugezogen», erklärte er, «und ich selbst bin der Meinung, dass er der Mann ist. Ich gebe aber zu, dass es sich nur um Indizienbeweise handelt, die durch neue Entwicklungen über den Haufen geworfen werden können.»

«Was ist mit Strakers Messer?»

«Wir sind davon überzeugt, dass er sich beim Hinfallen selbst verletzt hat.»

«Mein Freund Dr. Watson erwähnte ebenfalls diese Möglichkeit auf unserer Fahrt hierher. Das wäre dann ein Indiz gegen diesen Simpson.»

"Undoubtedly. He has neither a knife nor any sign of a wound. The evidence against him is certainly very strong. He had a great interest in the disappearance of the favourite; he lies under the suspicion of having poisoned the stable boy, he was undoubtedly out in the storm, he was armed with a heavy stick, and his cravat was found in the dead man's hand. I really think we have enough to go before a jury."

Holmes shook his head. "A clever counsel would tear it all to rags," said he. "Why should he take the horse out of the stable? If he wished to injure it, why could he not do it there? Has a duplicate key been found in his possession? What chemist sold him the powdered opium? Above all, where could he, a stranger to the district, hide a horse, and such a horse as this? What is his own explanation as to the paper which he wished the maid to give to the stable boy?"

"He says that it was a ten-pound note. One was found in his purse. But your other difficulties are not so formidable as they seem. He is not a stranger to the district. He has twice lodged at Tavistock in the summer. The opium was probably brought from London. The key, having served its purpose, would be hurled away. The horse may lie at the bottom of one of the pits or old mines upon the moor."

"What does he say about the cravat?"

"He acknowledges that it is his, and declares that he had lost it. But a new element has been introduced into the case which may account for his leading the horse from the stable."

Holmes pricked up his ears.

"We have found traces which show that a party

«Zweifellos. Er besaß kein Messer und hat keine Verletzungen. Es spricht sehr vieles gegen ihn. Er hatte ein großes Interesse daran, dass der Favorit verschwindet; er steht unter dem Verdacht, dem Stallburschen Gift gegeben zu haben; er war zweifelsfrei während des Unwetters draußen; er war mit einem schweren Stock bewaffnet; und sein Schal wurde in der Hand des Toten gefunden. Ich glaube wirklich, das genügt, um die Geschworenen zu überzeugen.»

Holmes schüttelte den Kopf. «Ein gewiefter Anwalt würde das in der Luft zerreißen», sagte er. «Warum hätte er das Pferd aus dem Stall holen sollen? Wenn er es hätte verletzen wollen, hätte er das doch an Ort und Stelle tun können. Hat man einen Zweitschlüssel bei ihm gefunden? Welcher Apotheker hat ihm das Opiumpulver verkauft? Vor allem aber, wo sollte er, ein Fremder in dieser Gegend, ein Pferd verstecken, und dazu noch ein Pferd wie dieses? Welche Erklärung gibt er selbst für seinen Zettel, den das Hausmädchen dem Stallburschen geben sollte?»

«Er sagt, es habe sich um eine Zehn-Pfund-Note gehandelt. Man hat eine in seiner Brieftasche gefunden. Und was Ihnen sonst Kopfzerbrechen macht, ist nicht so schwierig, wie es scheint. Die Gegend ist ihm nicht unbekannt. Er hat während des Sommers zweimal in Tavistock übernachtet. Das Opium wurde vermutlich aus London mitgebracht. Den Schlüssel hat er weggeworfen, als er ihn nicht mehr brauchte. Das Pferd liegt möglicherweise in einer Grube oder einem alten Bergwerksschacht draußen im Moor.»

«Was sagt er zu dem Schal?»

«Er räumt ein, dass es seiner ist, behauptet jedoch, ihn verloren zu haben. Aber es gibt da eine neue Erkenntnis, die möglichweise erklärt, warum er das Pferd aus dem Stall geholt hat.»

Holmes spitzte die Ohren.

«Wir haben Spuren entdeckt, wonach eine Gruppe von

of gipsies encamped on Monday night within a mile of the spot where the murder took place. On Tuesday they were gone. Now, presuming that there was some understanding between Simpson and these gipsies, might he not have been leading the horse to them when he was overtaken, and may they not have him now?"

"It is certainly possible."

"The moor is being scoured for these gipsies. I have also examined every stable and outhouse in Tavistock, and for a radius of ten miles."

"There is another training stable quite close, I understand?"

"Yes, and that is a factor which we must certainly not neglect. As Desborough, their horse, was second in the betting, they had an interest in the disappearance of the favourite. Silas Brown, the trainer, is known to have had large bets upon the event, and he was no friend to poor Straker. We have, however, examined the stables, and there is nothing to connect him with the affair."

"And nothing to connect this man Simpson with the interests of the Capleton stable?"

"Nothing at all."

Holmes leaned back in the carriage and the conversation ceased. A few minutes later our driver pulled up at a neat little red-brick villa with overhanging eaves, which stood by the road. Some distance off, across a paddock, lay a long grey-tiled outbuilding. In every other direction the low curves of the moor, bronze-coloured from the fading ferns, stretched away to the skyline, broken only by the steeples of Tavistock, and by a cluster of houses away to the westward,

Zigeunern am Montagabend keine Meile von da, wo der Mord geschah, ihr Lager aufschlug. Am Dienstag waren sie verschwunden. Nehmen wir an, dass es zwischen Simpson und diesen Zigeunern eine Verabredung gab – kann es dann nicht sein, dass er das Pferd zu ihnen bringen wollte, als er gestellt wurde, und dass sie es jetzt haben?»

«Das ist sicher möglich.»

«Das Moor wird gerade nach diesen Zigeunern abgesucht. Außerdem habe ich jeden Stall und jedes Nebengebäude in Tavistock und in einem Umkreis von zehn Meilen überprüfen lassen.»

«Soviel ich weiß, gibt es in der Nähe noch einen zweiten Rennstall?»

«Ja, und das ist ein Umstand, den wir sicher nicht vernachlässigen dürfen. In den Wettbüros gilt deren Pferd Desborough als zweiter Favorit, und deshalb könnten sie ein Interesse daran haben, dass der Erstplatzierte verschwindet. Es ist bekannt, dass Silas Brown, der Trainer, eine hohe Wette auf das Rennen abgeschlossen hat, und er war kein Freund des armen Straker. Wir haben aber bei einer Durchsuchung der Ställe nichts gefunden, was ihn mit der Sache in Verbindung bringt.»

«Auch nichts, was diesen Simpson mit den Interessen des Capleton-Stalls in Verbindung bringt?»

«Überhaupt nichts.»

Holmes lehnte sich in der Kutsche zurück, und das Gespräch war beendet. Wenig später hielt unser Kutscher vor einem hübschen kleinen Wohnhaus aus rotem Backstein mit einem weit überhängenden Dach, das an der Straße stand. In einiger Entfernung, auf der anderen Seite einer Pferdekoppel, sah man ein langes, grau gedecktes landwirtschaftliches Gebäude. Nach den anderen Seiten hin erstreckten sich bis zum Horizont die flachen, vom herbstlichen Farnkraut bronzefarbenen Hügel des Moors, nur unterbrochen von den Kirchtürmen Tavistocks und einigen

which marked the Capleton stables. We all sprang out with the exception of Holmes, who continued to lean back with his eyes fixed upon the sky in front of him, entirely absorbed in his own thoughts. It was only when I touched his arm that he roused himself with a violent start and stepped out of the carriage.

"Excuse me," said he, turning to Colonel Ross, who had looked at him in some surprise. "I was day-dreaming." There was a gleam in his eyes and a suppressed excitement in his manner which convinced me, used as I was to his ways, that his hand was upon a clue, though I could not imagine where he had found it.

"Perhaps you would prefer at once to go on to the scene of the crime, Mr Holmes?" said Gregory.

"I think that I should prefer to stay here a little and go into one or two questions of detail. Straker was brought back here, I presume?"

"Yes, he lies upstairs. The inquest is tomorrow."

"He has been in your service some years, Colonel Ross?"

"I have always found him an excellent servant."

"I presume that you made an inventory of what he had in his pockets at the time of his death, Inspector?"

"I have the things themselves in the sitting-room, if you would care to see them."

"I should be very glad."

We all filed into the front room, and sat round the central table, while the Inspector unlocked a square tin box and laid a small heap of things before us. There was a box of vestas, two inches of tallow candle, an ADP briar-root pipe, a pouch of sealskin with half an ounce of long-cut cavendish,

Gebäuden weiter westlich, den Ställen von Capleton. Wir stiegen alle aus, nur Holmes nicht, der zurückgelehnt sitzen blieb, den Blick starr in die Ferne gerichtet und ganz in Gedanken versunken. Erst als ich ihn am Arm berührte, schrak er heftig zusammen und kletterte aus der Kutsche.

«Entschuldigen Sie bitte», sagte er, zu Colonel Ross gewandt, der ihn etwas verwundert angesehen hatte. «Ich habe ein wenig geträumt.» Ein Leuchten in seinen Augen und die mühsam unterdrückte Erregung in seinen Bewegungen verrieten mir, da ich ihn genau kenne, dass er auf etwas Aufschlussreiches gestoßen war, obwohl mir unklar war, wo.

«Möchten Sie vielleicht lieber gleich weiterfahren zum Schauplatz des Verbrechens, Mr. Holmes?» fragte Gregory.

«Ich würde lieber ein Weilchen hier bleiben und die eine oder andere Einzelfrage klären. Strakers Leiche wurde vermutlich hierher gebracht?»

«Ja, er liegt oben. Die gerichtliche Feststellung der Todesursache erfolgt morgen.»

«Er hat viele Jahre für Sie gearbeitet, Colonel Ross?»

«Ich war mit seinen Diensten immer sehr zufrieden.»

«Ich nehme an, Sie haben eine Liste der Sachen angefertigt, die er zum Zeitpunkt seines Todes bei sich hatte, Inspektor?»

«Ich habe all diese Gegenstände hier im Wohnzimmer, wenn Sie sie sehen möchten.»

«Das würde ich sehr gerne.»

Wir traten nacheinander in das vordere Zimmer und setzen uns um den Tisch in der Mitte, während der Inspektor einen Blechkasten aufschloss und einige Gegenstände vor uns hinlegte. Da war eine Streichholzschachtel, eine zwei Zoll lange Talgkerze, eine Bruyèrepfeife, eine halbe Unze langfaseriger Tabak in einem Beutel aus Seal-

a silver watch with a gold chain, five sovereigns in gold, an aluminium pencil-case, a few papers, and an ivory-handled knife with a very delicate inflexible blade marked Weiss & Co., London.

"This is a very singular knife," said Holmes, lifting it up and examining it minutely. "I presume, as I see blood-stains upon it, that it is the one which was found in the dead man's grasp. Watson, this knife is surely in your line."

"It is what we call a cataract knife," said I.

"I thought so. A very delicate blade devised for very delicate work. A strange thing for a man to carry with him upon a rough expedition, especially as it would not shut in his pocket."

"The tip was guarded by a disc of cork which we found beside his body," said the Inspector. "His wife tells as that the knife had lain for some days upon the dressing-table, and that he had picked it up as he left the room. It was a poor weapon, but perhaps the best that he could lay his hand on at the moment."

"Very possible. How about these papers?"

"Three of them are receipted hay-dealers' accounts. One of them is a letter of instructions from Colonel Ross. This other is a milliner's account for thirty-seven pounds fifteen, made out by Madame Lesurier, of Bond Street, to William Darbyshire. Mrs Straker tells us that Darbyshire was a friend of her husband's, and that occasionally his letters were addressed here."

"Madame Darbyshire had somewhat expensive tastes," remarked Holmes, glancing down

skin, eine silberne Uhr an einer Goldkette, fünf goldene Sovereignmünzen, ein Bleistiftbehälter aus Blech, einige Papiere und ein Messer mit Elfenbeingriff, auf dessen feststehender dünner Klinge der Name «Weiss & Co, London» eingraviert war.

«Das ist ein ganz eigentümliches Messer», bemerkte Holmes und nahm es auf, um es genau zu betrachten. «Da ich Blut daran sehe, nehme ich an, es ist dasselbe, das man in der Hand des Toten fand. Watson, dieses Messer gehört sicher in Ihr Fachgebiet.»

«Es handelt sich um ein sogenanntes Kataraktmesser», sagte ich.

«Das dachte ich mir. Eine sehr zarte Klinge für sehr heikle Operationen. Merkwürdig, dass ein Mann so etwas mitnimmt, wenn er etwas gar nicht so Zartes vorhat, zumal es sich in der Tasche nicht zusammenklappen lässt.»

«Auf der Messerspitze steckte zum Schutz ein Kork, den wir neben der Leiche fanden», erklärte der Inspektor. «Seine Frau sagt, dieses Messer habe seit einigen Tagen auf dem Toilettentisch gelegen und er habe es mitgenommen, als er aus dem Schlafzimmer ging. Es war keine gute Waffe, aber vielleicht die beste, die er in diesem Augenblick zur Hand hatte.»

«Das ist durchaus möglich. Und was ist mit den Papieren hier?»

«Drei davon sind bezahlte Rechnungen von Futterhändlern. Eins ist ein Brief mit Anweisungen von Colonel Ross. Das andere ist die Rechnung einer Putzmacherin über siebenunddreißig Pfund fünfzehn Shilling, ausgestellt von Madame Lesurier in der Bond Street für William Darbyshire. Mrs. Straker sagt, Darbyshire sei ein Freund ihres Mannes gewesen, und Briefe für ihn seien gelegentlich hierher geschickt worden.»

«Madame Darbyshire hat einen ziemlich teuren Geschmack», bemerkte Holmes mit einem kurzen Blick auf

the account. "Twenty-two guineas is rather heavy for a single costume. However, there appears to be nothing more to learn, and we may now go down to the scene of the crime."

As we emerged from the sitting-room a woman who had been waiting in the passage took a step forward and laid her hand upon the Inspector's sleeve. Her face was haggard, and thin, and eager; stamped with the print of a recent horror.

"Have you got them? Have you found them?" she panted.

"No, Mrs Straker; but Mr Holmes, here, has come from London to help us, and we shall do all that is possible."

"Surely I met you in Plymouth, at a garden party, some little time ago, Mrs Straker," said Holmes.

"No, sir; you are mistaken."

"Dear me; why, I could have sworn to it. You wore a costume of dove-coloured silk with ostrich feather trimming."

"I never had such a dress, sir," answered the lady.

"Ah; that quite settles it," said Holmes; and, with an apology, he followed the Inspector outside. A short walk across the moor took us to the hollow in which the body had been found. At the brink of it was the furze bush upon which the coat had been hung.

"There was no wind that night, I understand," said Holmes.

"None; but very heavy rain."

"In that case the overcoat was not blown against the furze bushes, but placed there."

"Yes, it was laid across the bush."

die Rechnung. «Zweiundzwanzig Guineen sind eine Menge Geld für ein einzelnes Kleidungsstück. Sonst scheint aber nichts Aufschlussreiches dabei zu sein, so dass wir uns jetzt hinüber begeben können an den Schauplatz des Verbrechens.»

Als wir das Wohnzimmer verließen, trat eine Frau, die draußen gewartet hatte, vor und legte eine Hand auf den Arm des Inspektors. Ihr Gesicht war abgehärmt, schmal und sorgenvoll, und die Schrecken der jüngsten Ereignisse spiegelten sich darin wider.

«Haben Sie sie gefasst? Haben Sie sie gefunden?» keuchte sie.

«Nein, Mrs. Straker, aber Mr. Holmes hier ist aus London gekommen, um uns zu unterstützen, und wir werden alles tun, was möglich ist.»

«Habe ich Sie nicht vor kurzem auf einem Gartenfest in Plymouth gesehen, Mrs. Straker?» fragte Holmes.

«Nein, Sir, Sie müssen sich irren.»

«Na so was, ich hätte schwören können. Sie trugen ein Kleid aus taubengrauer Seide, das mit Straußenfedern geschmückt war.»

«So ein Kleid habe ich nie besessen, Sir», entgegnete die Dame.

«Ja, wenn das so ist...», sagte Holmes und entschuldigte sich, dann folgte er dem Inspektor nach draußen. Ein kurzer Gang übers Moor brachte uns zu der Senke, in der man die Leiche gefunden hatte. An ihrem oberen Rand stand der Ginsterbusch, an dem der Mantel hing.

«Die Nacht damals war windstill, soviel ich weiß», sagte Holmes.

«Ja, aber es hat stark geregnet.»

«In diesem Fall wurde der Mantel nicht vom Wind gegen die Ginstersträucher geweht, sondern er wurde hierher gelegt.»

«Ja, er wurde über diesen Busch gebreitet.»

"You fill me with interest. I perceive that the ground has been trampled up a good deal. No doubt many feet have been there since Monday night."

"A piece of matting has been laid here at the side, and we have all stood upon that."

"Excellent."

"In this bag I have one of the boots which Straker wore, one of Fitzroy Simpson's shoes, and a cast horseshoe of Silver Blaze."

"My dear Inspector, you surpass yourself!"

Holmes took the bag, and descending into the hollow he pushed the matting into a more central position. Then stretching himself upon his face and leaning his chin upon his hands he made a careful study of the trampled mud in front of him.

"Halloa!" said he, suddenly, "what's this?"

It was a wax vesta, half burned; which was so coated with mud that it looked at first like a little chip of wood.

"I cannot think how I came to overlook it," said the Inspector, with an expression of annoyance.

"It was invisible, buried in the mud. I only saw it because I was looking for it."

"What! You expected to find it?"

"I thought it not unlikely." He took the boots from the bag and compared the impressions of each of them with marks upon the ground. Then he clambered up to the rim of the hollow and crawled about among the ferns and bushes.

"I am afraid that there are no more tracks," said the Inspector. "I have examined the ground very carefully for a hundred yards in each direction."

"Indeed!" said Holmes, rising, "I should not have the impertinence to do it again after what you say. But I should like to take a little walk over the

«Sie machen mich neugierig. Ich sehe, dass auf dem Boden viel herumgetrampelt wurde. Vermutlich waren seit Montagnacht viele Füße hier?»

«Hier neben wurde eine Matte ausgelegt, und auf der haben wir alle gestanden.»

«Ausgezeichnet.»

«In diesem Beutel habe ich einen von Strakers Stiefeln, einen von Fitzroy Simpsons Schuhen und ein altes Hufeisen von Silver Blaze.»

«Inspektor! Sie übertreffen sich selbst!»

Holmes nahm den Beutel und stieg in die Senke hinab, wo er die Matte etwas weiter in die Mitte schob. Dann legte er sich auf den Bauch, stützte das Kinn in die Hände und untersuchte gründlich den zertrampelten Morast vor sich.

«Nanu!» rief er plötzlich. «Was ist das denn?»

Es war ein halb verbranntes Wachsstreichholz, das so schmutzverkrustet war, dass es auf den ersten Blick wie ein Holzspan aussah.

«Ich verstehe nicht, wie ich das übersehen konnte», sagte der Inspektor verärgert.

«Es lag unsichtbar im Schmutz begraben. Ich habe es nur deshalb gesehen, weil ich danach gesucht habe.»

«Wie? Sie haben erwartet, es zu finden?»

«Ich hielt es für nicht unwahrscheinlich.» Er nahm die Schuhe aus dem Beutel und verglich ihre Profile mit den Abdrücken am Boden. Dann kletterte er zum Rand der Senke hinauf und kroch zwischen den Farnen und Büschen umher.

«Ich fürchte, da gibt es keine weiteren Spuren», sagte der Inspektor. «Ich habe alles im Umkreis von hundert Yards genau abgesucht.»

«Tatsächlich?» sagte Holmes und erhob sich. «Dann sollte ich nicht so ungezogen sein und trotzdem suchen. Aber ich würde gerne noch ein bisschen über das Moor

moors before it grows dark, that I may know my ground tomorrow, and I think that I shall put this horseshoe into my pocket for luck."

Colonel Ross, who had shown some signs of impatience at my companion's quiet and systematic method of work, glanced at his watch.

"I wish you would come back with me, Inspector," said he. "There are several points on which I should like your advice, and especially as to whether we do not owe it to the public to remove our horse's name from the entries for the Cup."

"Certainly not," cried Holmes, with decision; "I should let the name stand."

The Colonel bowed. "I am very glad to have had your opinion, sir," said he. "You will find us at poor Straker's house when you have finished your walk, and we can drive together into Tavistock."

He turned back with the Inspector, while Holmes and I walked slowly across the moor. The sun was beginning to sink behind the stables of Capleton, and the long sloping plain in front of us was tinged with gold, deepening into rich, ruddy brown where the faded ferns and brambles caught the evening light. But the glories of the landscape were all wasted upon my companion, who was sunk in the deepest thought.

"It's this way, Watson," he said, at last. "We may leave the question of who killed John Straker for the instant, and confine ourselves to finding out what has become of the horse. Now, supposing that he broke away during or after the tragedy, where could he have gone to? The horse is a very gregarious creature. If left to himself, his instincts would have been either to return to King's Pyland or go over to Capleton. Why should he run wild

gehen, ehe es dunkel wird, damit ich mich hier morgen auskenne, und dieses Hufeisen werde ich als Glücksbringer in meine Tasche stecken.»

Colonel Ross, den die bedächtige und gründliche Vorgehensweise meines Freundes merklich ungeduldig gemacht hatte, warf einen Blick auf seine Uhr.

«Kommen Sie doch bitte mit mir zurück, Inspektor», sagte er. «Ich hätte gerne in einigen Fragen Ihren Rat, vor allem ob wir es nicht der Öffentlichkeit schuldig sind, den Namen unseres Pferdes von der Liste der Cup-Teilnehmer zu streichen.»

«Auf keinen Fall!» rief Holmes mit Nachdruck. «Ich würde den Namen stehen lassen.»

Der Colonel machte eine leichte Verbeugung. «Ich freue mich, Ihre Meinung zu hören, Sir», sagte er. «Sie finden uns im Haus des armen Straker, wenn Sie Ihren Spaziergang beendet haben. Wir können dann gemeinsam nach Tavistock fahren.»

Er ging mit dem Inspektor zurück, während Holmes und ich auf das Moor hinaus wanderten. Die Sonne ging gerade über den Stallungen von Capleton unter und tauchte die weite, wellige Ebene vor uns in Goldtöne, die dort, wo das Abendlicht auf das welke Farnkraut und Dornengesträuch fiel, in ein leuchtendes Rostrot übergingen. Aber mein Freund, der tief in Gedanken war, zeigte für die Schönheit der Landschaft keinerlei Interesse.

«Die Sache ist so, Watson», sagte er schließlich. «Lassen wir mal die Frage, wer John Straker getötet hat, beiseite und beschränken wir uns darauf herauszufinden, was mit dem Pferd geschehen ist. Nehmen wir nun einmal an, dass es während oder nach der Tat durchgegangen ist. Wohin könnte es gerannt sein? Pferde sind sehr gesellige Wesen. Wenn es seinen Instinkten gefolgt ist, dann ist es entweder zurück nach King's Pyland gelaufen oder hinüber nach Capleton. Warum sollte es ziellos im Moor umherstreifen?

upon the moor? He would surely have been seen by now. And why should gipsies kidnap him? These people always clear out when they hear of trouble, for they do not wish to be pestered by the police. They could not hope to sell such a horse. They would run a great risk and gain nothing by taking him. Surely that is clear."

"Where is he, then?"

"I have already said that he must have gone to King's Pyland or to Capleton. He is not at King's Pyland, therefore he is at Capleton. Let us take that as a working hypothesis, and see what it leads us to. This part of the moor, as the Inspector remarked, is very hard and dry. But it falls away towards Capleton, and you can see from here that there is a long hollow over yonder, which must have been very wet on Monday night. If our supposition is correct, then the horse must have crossed that, and there is the point where we should look for his tracks."

We had been walking briskly during this conversation, and a few more minutes brought us to the hollow in question. At Holmes' request I walked down the bank to the right, and he to the left, but I had not taken fifty paces before I heard him give a shout, and saw him waving his hand to me. The track of a horse was plainly outlined in the soft earth in front of him, and the shoe which he took from his pocket exactly fitted the impression.

"See the value of imagination," said Holmes. "It is the one quality which Gregory lacks. We imagined what might have happened, acted upon the supposition, and find ourselves justified. Let us proceed."

We crossed the marshy bottom and passed

Inzwischen wäre es sicher schon gesehen worden. Und warum sollten es Zigeuner entführen? Diese Leute ziehen sich sofort zurück, wenn es Ärger geben könnte, denn sie wollen nichts mit der Polizei zu tun haben. Sie wären auch nicht in der Lage, so ein Pferd zu verkaufen. Damit würden sie ein großes Risiko eingehen, und mit der Entführung wäre gar nichts gewonnen. Soviel scheint klar zu sein.»

«Wo ist es dann?»

«Wie ich schon sagte, muss es nach King's Pyland oder Capleton gelaufen sein. In King's Pyland ist es nicht, also ist es in Capleton. Nehmen wir das mal als Arbeitshypothese und schauen wir, wohin sie uns führt. Wie der Inspektor schon sagte, ist dieser Teil des Moors sehr trocken und hart. Aber es fällt nach Capleton hin ab, und wie Sie von hier sehen können, gibt es dort drüben eine breite Senke, in der es am Montagabend sehr feucht gewesen sein muss. Wenn unsere Annahme stimmt, dann muss das Pferd dort hindurch gelaufen sein, und das ist die Stelle, an der wir nach seinen Spuren suchen sollten.»

Wir waren im Verlauf dieser Unterhaltung rüstig vorangeschritten, und nach wenigen Minuten erreichten wir die besagte Senke. Auf Holmes' Bitte hin stieg ich den Abhang links hinunter, während er sich nach rechts wandte, und ich war noch keine fünfzig Schritte gegangen, da hörte ich ihn rufen und sah, wie er mir winkte. In dem weichen Boden vor ihm war deutlich die Spur eines Pferdes zu erkennen, und das Hufeisen, das er aus der Tasche gezogen hatte, passte genau in die Abdrücke.

«Da sehen Sie, wie wertvoll die Fantasie ist», sagte Holmes. «Sie ist das Einzige, was Gregory fehlt. Wir haben versucht, uns vorzustellen, was geschehen sein könnte, und haben danach gehandelt, und der Erfolg gibt uns recht. Gehen wir weiter.»

Wir durchquerten die morastige Senke und gingen dann

over a quarter of a mile of dry, hard turf. Again the ground sloped and again we came on the tracks. Then we lost them for half a mile, but only to pick them up once more quite close to Capleton. It was Holmes who saw them first, and he stood pointing with a look of triumph upon his face. A man's track was visible beside the horse's.

"The horse was alone before," I cried.

"Quite so. It was alone before. Halloa! what is this?"

The double track turned sharp off and took the direction of King's Pyland. Holmes whistled, and we both followed along after it. His eyes were on the trail, but I happened to look a little to one side, and saw to my surprise the same tracks coming back again in the opposite direction.

"One for you, Watson," said Holmes, when I pointed it out; "you have saved us a long walk which would have brought us back on our own traces. Let us follow the return track."

We had not to go far. It ended at the paving of asphalt which led up to the gates of the Capleton stables. As we approached a groom ran out from them.

"We don't want any loiterers about here," said he.

"I only wished to ask a question," said Holmes, with his finger and thumb in his waistcoat pocket. "Should I be too early to see your master, Mr Silas Brown, if I were to call at five o'clock tomorrow morning?"

"Bless you, sir, if anyone is about he will be, for he is always the first stirring. But here he is, sir, to answer your questions for himself. No, sir, no; it's as much as my place is worth to let him see me touch your money. Afterwards, if you like."

eine Viertelmeile weit über trockenen grasbewachsenen Boden. In der nächsten Senke fanden wir erneut die Spuren. Dann verloren wir sie wieder für eine halbe Meile, um sie aber kurz vor Capleton abermals zu entdecken. Holmes sah sie als erster, und mit triumphierender Miene stand er da und deutete auf etwas. Neben der Spur des Pferdes war die eines Mannes zu erkennen.

«Aber bisher war das Pferd doch allein!» rief ich aus.

«Ganz recht, bisher war es allein. Nanu, was ist das denn?»

Die Doppelspur bog plötzlich ab in Richtung auf King's Pyland. Holmes stieß einen leises Pfiff aus, und wir folgten der Fährte, die er fest im Auge behielt. Ich dagegen ließ den Blick ein bisschen zur Seite schweifen und sah zu meinem Erstaunen, dass dieselbe Spur in der entgegengesetzten Richtung zurückkam.

«Eins zu null für Sie, Watson», sagte Holmes, als ich ihn darauf aufmerksam machte, «Sie haben uns einen langen Weg erspart, der uns doch nur wieder hierher geführt hätte. Lassen Sie uns der zurückkommenden Spur folgen.»

Wir mussten nicht weit gehen. Sie endete an dem asphaltierten Weg, der zum Tor der Stallungen von Capleton führte. Als wir uns näherten, kam ein Stalljunge herausgelaufen.

«Unbefugte sind hier nicht erwünscht», sagte er.

«Ich wollte nur etwas fragen», entgegnete Holmes, Zeigefinger und Daumen in seiner Westentasche. «Wäre ich zu zeitig, wenn ich morgen früh um fünf herkäme, um mit dem Stallmeister, Mr. Silas Brown, zu sprechen?»

«Du lieber Himmel, Sir, wenn irgendwer um diese Zeit auf ist, dann er. Er ist morgens immer als erster auf den Beinen. Aber da kommt er gerade, Sir, und kann Ihre Fragen selber beantworten. – Nein, Sir, nicht, ich verliere meine Arbeit, wenn er sieht, dass ich Geld von Ihnen annehme. Später vielleicht.»

As Sherlock Holmes replaced the half crown which he had drawn from his pocket, a fierce-looking elderly man strode out from the gate with a hunting-crop swinging in his hand.

"What's this, Dawson?" he cried. "No gossiping! Go about your business! And you – what the devil do you want here?"

"Ten minutes' talk with you, my good sir," said Holmes, in the sweetest of voices.

"I've no time to talk to every gadabout. We want no strangers here. Be off, or you may find a dog at your heels."

Holmes leaned forward and whispered something in the trainer's ear. He started violently and flushed to the temples.

"It's a lie!" he shouted. "An infernal lie!"

"Very good! Shall we argue about it here in public, or talk it over in your parlour?"

"Oh, come in if you wish to."

Holmes smiled. "I shall not keep you more than a few minutes, Watson," he said. "Now, Mr Brown, I am quite at your disposal."

It was quite twenty minutes, and the reds had all faded into greys before Holmes and the trainer reappeared. Never have I seen such a change as had been brought about in Silas Brown in that short time. His face was ashy pale, beads of perspiration shone upon his brow, and his hands shook until the hunting-crop wagged like a branch in the wind. His bullying, overbearing manner was all gone too, and he cringed along at my companion's side like a dog with its master.

"Your instructions will be done. It shall be done," said he.

Während Holmes die halbe Krone, die er aus der Tasche gezogen hatte, wieder einsteckte, kam ein grimmiger älterer Mann mit großen Schritten aus dem Stalltor auf uns zu, in der Hand eine Jagdpeitsche.

«Was ist da los, Dawson?» rief er. «Lass das Geschwätz und geh an deine Arbeit! Und Sie – was zum Teufel wollen Sie hier?»

«Kurz mit Ihnen sprechen, Sir», erwiderte Holmes honigsüß.

«Ich habe keine Zeit, mit jedem Hergelaufenen zu reden. Wir mögen hier keine Fremden. Verschwinden Sie, sonst macht Ihnen der Hund Beine!»

Holmes beugte sich vor und raunte dem Trainer etwas ins Ohr. Dieser zuckte heftig zusammen und lief rot an.

«Das ist eine Lüge!» schrie er. «Eine unverschämte Lüge!»

«Na schön. Sollen wir uns hier in aller Öffentlichkeit streiten oder uns lieber in Ihrer Wohnung darüber unterhalten?»

«Dann kommen Sie herein, wenn es sein muss.»

Holmes lächelte. «Ich werde Sie nur ein paar Minuten warten lassen, Watson», sagte er. «So, Mr. Brown, jetzt stehe ich ganz zu Ihrer Verfügung.»

Es vergingen zwanzig Minuten, und die Rottöne waren zu einem Grau verblasst, als Holmes und der Trainer wieder herauskamen. Nie wieder habe ich es erlebt, dass sich ein Mensch in so kurzer Zeit so sehr veränderte wie Silas Brown. Sein Gesicht war aschfahl, auf seiner Stirn standen Schweißperlen, und seine Hände zitterten so sehr, dass die Reitpeitsche wie ein vom Wind geschüttelter Zweig aussah. Von seinem barschen, anmaßenden Auftreten war nichts mehr übrig, und er schlich neben meinem Freund her wie ein Hund neben seinem Herrn.

«Ihre Anweisungen werden befolgt werden, unbedingt», sagte er.

"There must be no mistake," said Holmes, looking round at him. The other winced as he read the menace in his eyes.

"Oh, no, there shall be no mistake. It shall be there. Should I change it first or not?"

Holmes thought a little and then burst out laughing.

"No, don't," said he. "I shall write to you about it. No tricks now or – "

"Oh, you can trust me, you can trust me!"

"You must see to it on the day as if it were your own."

"You can rely upon me."

"Yes, I think I can. Well, you shall hear from me to-morrow." He turned upon his heel, disregarding the trembling hand which the other held out to him, and we set off for King's Pyland.

"A more perfect compound of the bully, coward, and sneak than Master Silas Brown I have seldom met with," remarked Holmes, as we trudged along together.

"He has the horse, then?"

"He tried to bluster out of it, but I described to him so exactly what his actions had been upon that morning, that he is convinced that I was watching him. Of course, you observed the peculiarly square toes in the impressions, and that his own boots exactly corresponded to them. Again, of course, no subordinate would have dared to have done such a thing. I described to him how when, according to his custom, he was the first down, he perceived a strange horse wandering over the moor; how he went out to it; and his astonishment at recognizing from the white forehead which has given the favourite its name that chance had put in his power the only horse which could beat the one upon which he had put his money.

«Es darf nichts schief gehen», mahnte Holmes und sah ihn an. Der andere krümmte sich, als er die Drohung in seinen Augen wahrnahm.

«Nein, nein, es wird nichts schiefgehen. Es wird dort sein. Soll ich vorher alles entfernen oder nicht?»

Holmes dachte kurz nach und lachte dann auf.

«Nein», sagte er. «Ich werde Ihnen deswegen noch schreiben. Und keine faulen Tricks, sonst…»

«Nein, Sie können sich auf mich verlassen, wirklich!»

«Wenn es so weit ist, müssen Sie es so behandeln, als wäre es Ihr eigenes.»

«Sie können mir vertrauen.»

«Ja, ich denke, das kann ich. Also, Sie hören morgen von mir.» Er drehte sich auf dem Absatz um, ohne die zitternde Hand zu beachten, die der andere ihm hinhielt, und wir machten uns auf den Weg nach King's Pyland.

«Ich habe selten eine so vollkommene Mischung von Bosheit, Feigheit und Heimtücke erlebt wie bei diesem Herrn Silas Brown», bemerkte Holmes, während wir nebeneinander dahinstapften.

«Hat er also das Pferd?»

«Erst bestritt er das energisch, aber dann beschrieb ich ihm haargenau seine Schritte an jenem Morgen, so dass er nun glaubt, ich hätte ihn beobachtet. Sie haben natürlich bemerkt, wie seltsam stumpf die Fußspuren vorn waren, und dass dies genau zu seinen Reitstiefeln passt. Und natürlich hätte kein Untergebener gewagt, so etwas zu tun. Ich schilderte ihm, dass er wie gewohnt als erster aufgestanden war und ein fremdes Pferd bemerkt hatte, das einsam über das Moor kam; dass er zu ihm hinging und erstaunt den weißen Stirnfleck sah, von dem der Favorit seinen Namen hat; so dass ihm klar wurde, durch glücklichen Zufall genau das Pferd in seine Gewalt bekommen zu haben, das als einziges jenes andere besiegen konnte, auf das er sein ganzes Geld gesetzt hatte. Dann schilderte ich ihm, dass

Then I described how his first impulse had been to lead him back to King's Pyland, and how the devil had shown him how he could hide the horse until the race was over, and how he had led it back and concealed it at Capleton. When I told him every detail he gave it up, and thought only of saving his own skin."

"But his stables had been searched."

"Oh, an old horse-faker like him has many a dodge."

"But are you not afraid to leave the horse in his power now, since he has every interest in injuring it?"

"My dear fellow, he will guard it as the apple of his eye. He knows that his only hope of mercy is to produce it safe.

"Colonel Ross did not impress me as a man who would be likely to show much mercy in any case."

"The matter does not rest with Colonel Ross. I follow my own methods, and tell as much or as little as I choose. That is the advantage of being unofficial. I don't know whether you observed it, Watson, but the Colonel's manner has been just a trifle cavalier to me. I am inclined now to have a little amusement at his expense. Say nothing to him about the horse."

"Certainly not, without your permission."

"And, of course, this is all quite a minor case compared with the question of who killed John Straker."

"And you will devote yourself to that?"

"On the contrary, we both go back to London by the night train."

I was thunderstruck by my friend's words. We had only been a few hours in Devonshire, and that he should give up an investigation which he had begun so brilliantly was quite incomprehensible to me. Not a word more could I draw from him until

sein erster Gedanke der gewesen sei, das Pferd zurück nach King's Pyland zu bringen, dass ihm aber der Teufel zugeflüstert habe, das Tier zu verstecken, bis das Rennen vorüber ist, und dass er es zurückgebracht und in Capleton versteckt habe. Als ich ihm das bis in die Einzelheiten vorhielt, gab er das Spiel verloren und versuchte nur noch, seine Haut zu retten.»

«Aber seine Ställe sind doch durchsucht worden.»

«Ach, so ein alter Rosstäuscher kennt viele Schliche.»

«Ist Ihnen denn nicht unheimlich dabei, das Pferd in seiner Gewalt zu lassen, da ihm doch daran liegen muss, ihm zu schaden?»

«Mein Lieber, er wird es hüten wie seinen Augapfel. Er weiß genau, dass er nur auf Milde hoffen kann, wenn er es heil übergibt.»

«Colonel Ross hat auf mich nicht den Eindruck eines Mannes gemacht, der jemals große Milde walten lässt.»

«Es kommt nicht auf Colonel Ross an. Ich habe meine eigenen Methoden und enthülle so viel oder wenig, wie ich für richtig halte. Das ist der Vorteil, wenn man keine Amtsperson ist. Ich weiß nicht, ob Ihnen aufgefallen ist, Watson, dass der Colonel mir gegenüber ein wenig von oben herab war. Ich möchte mich nun ein bisschen auf seine Kosten amüsieren. Sagen Sie ihm nichts von dem Pferd.»

«Bestimmt nicht, nur mit Ihrem Einverständnis.»

«Aber das ist natürlich alles nebensächlich, gemessen an der Frage, wer John Straker ermordet hat.»

«Und der werden Sie sich jetzt zuwenden?»

«Im Gegenteil, wir beide werden den Nachtzug zurück nach London nehmen.»

Ich war wie vom Donner gerührt. Wir waren doch erst seit wenigen Stunden in Devonshire, und es war mir unverständlich, wie er eine Untersuchung abbrechen konnte, die er so erfolgreich begonnen hatte. Ihm war aber kein Wort mehr zu entlocken, bis wir das Haus des Trainers

we were back at the trainer's house. The Colonel and the Inspector were awaiting us in the parlour.

"My friend and I return to town by the midnight express," said Holmes. "We have had a charming little breath of your beautiful Dartmoor air."

The Inspector opened his eyes, and the Colonel's lips curled in a sneer.

"So you despair of arresting the murderer of poor Straker," said he.

Holmes shrugged his shoulders. "There are certainly grave difficulties in the way," said he. "I have every hope, however, that your horse will start upon Tuesday, and I beg that you will have your jockey in readiness. Might I ask for a photograph of Mr John Straker?"

The Inspector took one from an envelope in his pocket and handed it to him.

"My dear Gregory, you anticipate all my wants. If I might ask you to wait here for an instant, I have a question which I should like to put to the maid."

"I must say that I am rather disappointed in our London consultant," said Colonel Ross, bluntly, as my friend left the room. "I do not see that we are any further than when he came."

"At least, you have his assurance that your horse will run," said I.

"Yes, I have his assurance," said the Colonel, with a shrug of his shoulders. "I should prefer to have the horse."

I was about to make some reply in defence of my friend, when he entered the room again.

"Now, gentlemen," said he, "I am quite ready for Tavistock."

As we stepped into the carriage one of the stable lads held the door open for us. A sudden idea seemed

erreichten. Der Colonel und der Inspektor erwarteten uns schon im Wohnzimmer.

«Mein Freund und ich fahren mit dem Nachtexpress nach London zurück», sagte Holmes. «Es war schön, sich Ihre wunderbare Dartmoor-Luft ein wenig um die Nase wehen zu lassen.»

Der Inspektor machte große Augen, und der Colonel verzog spöttisch die Lippen.

«Sie geben es also auf, den Mörder des armen Straker finden zu wollen», sagte er.

Holmes zuckte die Achseln. «In der Tat gab es dabei gewisse größere Schwierigkeiten», erwiderte er. «Ich bin aber zuversichtlich, dass Ihr Pferd am Dienstag an den Start geht, und bitte Sie, Ihren Jockey bereit zu halten. Dürfte ich Sie um ein Foto von John Straker bitten?»

Der Inspektor nahm eins aus einem Umschlag in seiner Tasche und reichte es ihm.

«Lieber Gregory, Sie haben meine Wünsche erraten. Wenn Sie jetzt so nett wären, einen Augenblick hier zu warten – ich will nur das Hausmädchen etwas fragen.»

«Ich muss schon sagen, ich bin von unserem Londoner Spezialisten ziemlich enttäuscht», sagte der Colonel grob, als mein Freund draußen war. «Ich sehe nicht, dass wir seit seiner Ankunft vorangekommen wären.»

«Wenigstens haben Sie seine Zusicherung, dass Ihr Pferd am Rennen teilnimmt», sagte ich.

«Ja, ich habe seine Zusicherung», sagte der Colonel mit einem Achselzucken. «Lieber wäre es mir, ich hätte das Pferd.»

Gerade wollte ich etwas zur Verteidigung meines Freundes sagen, da kam er ins Zimmer zurück.

«So, Gentlemen», sagte er. «Ich bin bereit. Fahren wir nach Tavistock.»

Als wir in die Kutsche stiegen, hielt einer der Stallburschen den Schlag für uns auf. Plötzlich schien Holmes ein

to occur to Holmes, for he leaned forward and touched the lad upon the sleeve.

"You have a few sheep in the paddock," he said. "Who attends to them?"

"I do, sir."

"Have you noticed anything amiss with them of late?"

"Well, sir, not of much account; but three of them have gone lame, sir."

I could see that Holmes was extremely pleased, for he chuckled and rubbed his hands together.

"A long shot, Watson; a very long shot!" said he, pinching my arm. "Gregory, let me recommend to your attention this singular epidemic among the sheep. Drive on, coachman!"

Colonel Ross still wore an expression which showed the poor opinion which he had formed of my companion's ability, but I saw by the Inspector's face that his attention had been keenly aroused.

"You consider that to be important?" he asked.

"Exceedingly so."

"Is there any other point to which you would wish to draw my attention?"

"To the curious incident of the dog in the night-time."

"The dog did nothing in the night-time."

"That was the curious incident," remarked Sherlock Holmes.

Four days later Holmes and I were again in the train bound for Winchester, to see the race for the Wessex Cup. Colonel Ross met us, by appointment, outside the station, and we drove in his drag to the course beyond the town. His face was grave and his manner was cold in the extreme.

Gedanke zu kommen, denn er beugte sich vor und tippte den Burschen auf den Arm.

«Sie halten sich doch ein paar Schafe auf der Pferdekoppel», sagte er. «Wer kümmert sich um sie?»

«Ich, Sir.»

«Ist Ihnen in letzter Zeit etwas Ungewöhnliches an ihnen aufgefallen?»

«Nun, Sir, nichts Besonderes, nur dass drei von ihnen seit kurzem lahmen.»

Ich merkte, dass Holmes sehr zufrieden war, denn er lachte in sich hinein und rieb sich die Hände.

«Nur so eine Vermutung, Watson, eine vage Vermutung!» sagte er und kniff mich in den Arm. «Gregory, ich möchte diese sonderbare Epidemie unter den Schafen Ihrer Aufmerksamkeit empfehlen. Kutscher, fahren Sie los!»

Man merkte Colonel Ross noch immer an, dass er von den Fähigkeiten meines Freundes keine besondere Meinung hatte, aber im Gesicht des Inspektors las ich deutlich, dass seine Neugier geweckt war.

«Sie halten das also für wichtig?» fragte er.

«Sehr wichtig.»

«Gibt es noch etwas anderes, worauf Sie mich hinweisen möchten?»

«Auf das merkwürdige Verhalten des Hundes während jener Nacht.»

«Aber der Hund tat doch gar nichts in dieser Nacht.»

«Das ist ja gerade das Merkwürdige», meinte Sherlock Holmes.

Vier Tage später saßen Holmes und ich wieder im Zug, diesmal nach Winchester, um uns das Rennen um den Wessex Cup anzusehen. Colonel Ross holte uns, wie verabredet, am Bahnhof ab, und wir fuhren mit ihm in seiner Kutsche zur Rennbahn außerhalb der Stadt. Sein Gesicht war ernst, sein Verhalten sehr abweisend.

"I have seen nothing of my horse," said he.

"I suppose that you would know him when you saw him?" asked Holmes.

The Colonel was very angry. "I have been on the turf for twenty years, and never was asked such a question as that before," said he. "A child would know Silver Blaze with his white forehead and his mottled off foreleg."

"How is the betting?"

"Well, that is the curious part of it. You could have got fifteen to one yesterday, but the price has become shorter and shorter, until you can hardly get three to one now."

"Hum!" said Holmes. "Somebody knows something, that is clear!"

As the drag drew up in the enclosure near the grandstand, I glanced at the card to see the entries. It ran:

Wessex Plate.
50 sovs. each, h ft, with 1,000 sovs. added, for four- and five-year olds. Second £300. Third £200. New course (one mile and five furlongs).
1. Mr Heath Newton's The Negro (red cap, cinnamon jacket).
2. Colonel Wardlaw's Pugilist (pink cap, blue and black jacket).
3. Lord Backwater's Desborough (yellow cap and sleeves).
4. Colonel Ross's Silver Blaze (black cap, red jacket).
5. Duke of Balmoral's Iris (yellow and black stripes).
6. Lord Singleford's Rasper (purple cap, black sleeves).

«Von meinem Pferd habe ich noch keine Spur gesehen», sagte er.

«Sie würden es sicher sofort erkennen, wenn Sie es sehen?» fragte Holmes.

Der Colonel reagierte wütend. «Ich habe seit zwanzig Jahren mit Rennpferden zu tun, aber so eine Frage hat man mir noch nie gestellt!» sagte er. «Jedes Kind würde Silver Blaze an seinem weißen Stirnfleck und dem gesprenkelten rechten Vorderfuß erkennen.»

«Wie stehen die Wetten?»

«Tja, das ist sonderbar. Gestern konnte man noch fünfzehn zu eins bekommen, aber die Quote ist immer mehr geschrumpft, jetzt kriegt man kaum noch drei zu eins.»

«Hm!» sagte Holmes. «Da scheint jemand etwas zu wissen, soviel ist sicher.»

Als die Kutsche in den umzäunten Platz nahe der Tribüne einfuhr, warf ich einen Blick auf das Programm, um zu sehen, wer die Teilnehmer waren. Da stand:

Wessex-Pokalerennen.
£50 je Handbreit plus £1,000, für Vier- und Fünfjährige. Zweiter £300. Dritter £200.
Neue Strecke (eine und fünf achtel Meilen).
1. The Negro – Mr. Heath Newton (rote Mütze, zimtbraunes Trikot).
2. Pugilist – Colonel Wardlaw (rosa Mütze, blau und schwarz gestreiftes Trikot).
3. Desborough – Lord Backwater (gelbe Mütze und Ärmel).
4. Silver Blaze – Colonel Ross (schwarze Mütze, rotes Trikot).
5. Iris – Herzog von Balmoral (gelbe und schwarze Streifen).
6. Rasper – Lord Singleford (violette Mütze, schwarze Ärmel).

"We scratched our other one and put all hopes on your word," said the Colonel. "Why, what is that? Silver Blaze favourite?"

"Five to four against Silver Blaze!" roared the ring. "Five to four against Silver Blaze! Fifteen to five against Desborough! Five to four on the field!"

"There are the numbers up," I cried. "They are all six there."

"All six there! Then my horse is running," cried the Colonel, in great agitation. "But I don't see him. My colours have not passed."

"Only five have passed. This must be he."

As I spoke a powerful bay horse swept out from the weighing enclosure and cantered past us, bearing on its back the well-known black and red of the Colonel.

"That's not my horse," cried the owner. "That beast has not a white hair upon its body. What is this that you have done, Mr Holmes?"

"Well, well, let us see how he gets on," said my friend, imperturbably. For a few minutes he gazed through my field-glass. "Capital! An excellent start!" he cried suddenly. "There they are, coming round the curve!"

From our drag we had a superb view as they came up the straight. The six horses were so close together that a carpet could have covered them, but half way up the yellow of the Capleton stable showed to the front. Before they reached us, however, Desborough's bolt was shot and the Colonel's horse, coming away with a rush, passed the post a good six lengths before its rival, the Duke of Balmoral's Iris making a bad third.

"It's my race anyhow," gasped the Colonel,

«Wir haben unser zweites Pferd zurückgezogen und vertrauen jetzt ganz auf Ihr Wort», sagte der Colonel. «Nanu, was ist das? Silver Blaze ist Favorit?»

«Fünf zu vier auf Silver Blaze!» tönte es von den Stehplätzen. «Fünf zu vier auf Silver Blaze! Fünfzehn zu vier auf Desborough! Fünf zu vier auf die anderen!»

«Da, die Nummern sind hochgegangen!» rief ich. «Alle sechs sind hier.»

«Alle sechs! Dann läuft mein Pferd also wirklich!» jubelte der Colonel. «Aber ich kann es nicht sehen. Meine Farben sind nicht vorbeigekommen.»

«Es sind erst fünf vorbeigekommen. Das da muss es sein.»

Als ich das sagte, verließ ein kraftvoller Fuchs den Wiegeplatz und trabte an uns vorüber, im Sattel das bekannte Schwarz und Rot des Colonel.

«Das ist aber nicht mein Pferd!» rief der Eigentümer. «An diesem Tier ist ja kein einziges weißes Haar! Was haben Sie nur getan, Mr. Holmes?»

«Nun, warten wir ab, wie es sich hält», erwiderte mein Freund mit unerschütterlicher Ruhe. Einige Minuten lang sah er durch mein Fernglas. «Großartig! Ein ausgezeichneter Start!» rief er plötzlich. «Da kommen sie jetzt in die Kurve!»

Von unserer Kutsche aus hatten wir eine hervorragende Sicht, als sie die Gerade heruntergaloppierten. Die sechs Pferde lagen so dicht beisammen, dass man sie mit einem einzigen Teppich hätte bedecken können, aber nach halber Strecke lag das Gelb des Capleton-Gestüts vorn. Noch ehe das Feld uns erreichte, hatte Desborough jedoch sein Pulver verschossen, und das Pferd des Colonel ging nach einem furiosen Finish mit sechs Längen Vorsprung vor seinem Rivalen durchs Ziel, während Iris, das Pferd des Herzogs von Balmoral abgeschlagen auf den dritten Platz kam.

«Jedenfalls haben wir gewonnen», keuchte der Colonel

passing his hand over his eyes. "I confess that I can make neither head nor tail of it. Don't you think that you have kept up your mystery long enough, Mr Holmes?"

"Certainly, Colonel. You shall know everything. Let us all go round and have a look at the horse together. Here he is," he continued, as we made our way into the weighing enclosure where only owners and their friends find admittance. "You have only to wash his face and his leg in spirits of wine and you will find that he is the same old Silver Blaze as ever."

"You take my breath away!"

"I found him in the hands of a faker, and took the liberty of running him just as he was sent over."

"My dear sir, you have done wonders. The horse looks very fit and well. It never went better in its life. I owe you a thousand apologies for having doubted your ability. You have done me a great service by recovering my horse. You would do me a greater still if you could lay your hands on the murderer of John Straker."

"I have done so," said Holmes, quietly.

The Colonel and I stared at him in amazement. "You have got him! Where is he, then?"

"He is here."

"Here! Where?"

"In my company at the present moment."

The Colonel flushed angrily. "I quite recognize that I am under obligations to you, Mr Holmes," said he, "but I must regard what you have just said as either a very bad joke or an insult."

Sherlock Holmes laughed. "I assure you that I have not associated you with the crime, Colonel,"

und wischte sich mit der Hand über die Augen. «Ich muss aber gestehen, dass ich aus alledem nicht schlau werde. Finden Sie nicht, Mr. Holmes, dass Sie Ihr Geheimnis lange genug für sich behalten haben?»

«Sicher, Colonel. Sie sollen alles erfahren. Gehen wir nach hinten und sehen uns gemeinsam das Pferd an. Da ist es ja», fuhr er fort, als wir den Wiegeplatz erreicht hatten, zu dem nur die Eigentümer und ihre Gäste Zutritt haben. «Sie müssen nur seine Stirn und den Fuß mit Weingeist abreiben, und Sie werden feststellen, dass es sich um Ihren alten Silver Blaze handelt.»

«Ich bin sprachlos!»

«Ich habe ihn bei einem Pferdehändler entdeckt und mir die Freiheit genommen, ihn so, wie er war, ins Rennen zu schicken.»

«Mein bester Herr, Sie haben ein Wunder vollbracht! Das Pferd sieht ganz munter und gesund aus. Es ist noch nie besser gelaufen. Ich muss mich tausendmal dafür entschuldigen, dass ich Zweifel an Ihren Fähigkeiten hatte. Sie haben mir einen sehr großen Dienst erwiesen, indem Sie mein Pferd wieder beschafft haben. Sie täten mir einen noch größeren Gefallen, wenn Sie den Mörder von John Straker ausfindig machen würden.»

«Das habe ich bereits», sagte Holmes ruhig.

Der Colonel und ich sahen ihn verdutzt an. «Sie haben ihn? Wo ist er denn?»

«Er ist hier.»

«Hier? Aber wo?»

«Unter den Anwesenden.»

Der Colonel lief vor Zorn rot an. «Ich bin Ihnen gewiss zu Dank verpflichtet, Mr. Holmes», sagte er, «aber was Sie da sagen, kann ich nur als einen schlechten Scherz oder als Beleidigung auffassen.»

Sherlock Holmes lachte. «Ich versichere Ihnen, Colonel, dass ich Sie nicht mit dem Verbrechen in Verbindung

said he; "the real murderer is standing immediately behind you!

He stepped past and laid his hand upon the glossy neck of the thoroughbred.

"The horse!" cried both the Colonel and myself.

"Yes, the horse. And it may lessen his guilt if I say that it was done in self-defence, and that John Straker was a man who was entirely unworthy of your confidence. But there goes the bell; and as I stand to win a little on this next race, I shall defer a more lengthy explanation until a more fitting time."

We had the corner of a Pullman car to ourselves that evening as we whirled back to London, and I fancy that the journey was a short one to Colonel Ross as well as to myself, as we listened to our companion's narrative of the events which had occurred at the Dartmoor training stables upon that Monday night, and the means by which he had unravelled them.

"I confess," said he, "that any theories which I had formed from the newspaper reports were entirely erroneous. And yet there were indications there, had they not been overlaid by other details which concealed their true import. I went to Devonshire with the conviction that Fitzroy Simpson was the true culprit, although, of course, I saw that the evidence against him was by no means complete.

"It was while I was in the carriage, just as we reached the trainer's house, that the immense significance of the curried mutton occurred to me. You may remember that I was distrait, and remained sitting after you had all alighted. I was marvelling in my own mind how I could possibly have overlooked so obvious a clue."

bringe», sagte er. «Der wahre Mörder steht direkt hinter Ihnen.»

Er ging an ihm vorbei und legte seine Hand auf den seidig glänzenden Hals des Vollblüters.

«Das Pferd!» riefen der Colonel und ich gleichzeitig.

«Ja, das Pferd. Und es mindert seine Schuld, wenn ich Ihnen sage, dass es in Notwehr gehandelt hat und dass dieser John Straker Ihr Vertrauen nicht verdiente. Aber eben ertönt die Glocke, und da ich erwarte, im nächsten Rennen ein wenig zu gewinnen, will ich meine ausführliche Erklärung auf eine passendere Zeit verschieben.»

Wir hatten eine Sitzecke in einem Pullmanwagen für uns allein, als wir an diesem Abend mit Volldampf zurück nach London fuhren, und ich vermute, dass die Reise für Colonel Ross ebenso schnell verging wie für mich, während wir zuhörten, wie unser Begleiter erzählte, was sich an jenem Montagabend in den beiden Gestüten in Dartmoor abgespielt und auf welche Weise er das alles aufgedeckt hatte.

«Ich gebe zu», sagte er, «dass alle Theorien, die ich aufgrund der Zeitungsberichte entwickelt hatte, völlig falsch waren. Es gab da zwar richtige Hinweise, aber deren wahre Bedeutung wurde von allerlei Nebensächlichkeiten überdeckt. Ich fuhr nach Devonshire in der Annahme, dass Fitzroy Simpson der wahre Schuldige sei, obgleich mir natürlich bewusst war, dass die Beweise gegen ihn keineswegs ausreichten.

Erst in der Kutsche, als wir uns dem Haus des Trainers näherten, ging mir auf, wie überaus bedeutsam das Hammelcurry war. Vielleicht erinnern Sie sich noch, dass ich in Gedanken war und sitzen blieb, während Sie alle ausgestiegen waren. Damals fragte ich mich, wie ich einen derart offensichtlichen Anhaltspunkt nur hatte übersehen können.»

"I confess," said the Colonel, "that even now I cannot see how it helps us."

"It was the first link in my chain of reasoning. Powdered opium is by no means tasteless. The flavour is not disagreeable, but it is perceptible. Were it mixed with any ordinary dish, the eater would undoubtedly detect it; and would probably eat no more. A curry was exactly the medium which would disguise this taste. By no possible supposition could this stranger, Fitzroy Simpson, have caused curry to be served in the trainer's family that night, and it is surely too monstrous a coincidence to suppose that he happened to come along with powdered opium upon the very night when a dish happened to be served which would disguise the flavour. That is unthinkable. Therefore Simpson becomes eliminated from the case, and our attention centres upon Straker and his wife, the only two people who could have chosen curried mutton for supper that night. The opium was added after the dish was set aside for the stable boy, for the others had the same for supper with no ill effects. Which of them, then, had access to that dish without the maid seeing them?

"Before deciding that question I had grasped the significance of the silence of the dog; for one true inference invariably suggests others. The Simpson incident had shown me that a dog was kept in the stables, and yet, though someone had been in and had fetched out a horse, he had not barked enough to arouse the two lads in the loft. Obviously the midnight visitor was someone whom the dog knew well.

"I was already convinced, or almost convinced, that John Straker went down to the stables in the

«Ich gestehe», sagte der Colonel, «dass mir noch immer unklar ist, wie uns das weiterhilft.»

«Das war das erste Glied in der Kette meiner Beweisführung. Opiumpulver ist ja nicht geschmacksneutral. Es schmeckt nicht unangenehm, aber man bemerkt es. Würde man es in ein gewöhnliches Gericht mischen, dann würde es jedem, der davon isst, auffallen, und er würde nicht weiter essen. Mit Curry ließ sich dieser Geschmack verdecken Es ist völlig abwegig anzunehmen, ein Fremder wie Fitzroy Simpson hätte veranlassen können, dass an diesem Abend im Haushalt des Trainers Curry auf den Tisch kam; und niemand wird glauben, dass er ausgerechnet an dem Abend, als es ein Gericht gab, das den Geschmack von Opium verdecken würde, zufällig dieses Pulver bei sich hatte. Das ist völlig undenkbar. Daher können wir Simpson ausschließen und unsere Aufmerksamkeit auf Straker und seine Frau konzentrieren, die beiden einzigen, die Hammelcurry für dieses Abendessen wählen konnten. Erst als man die Schüssel mit dem Essen für den Stallburschen zurecht machte, wurde das Opium beigemischt, denn alle anderen haben dasselbe gegessen, aber ohne Nebenwirkungen. Wer hatte nun Zugang zu dieser Schüssel, ohne vom Hausmädchen bemerkt zu werden?

Schon bevor ich darauf eine Antwort fand, war mir klar, wie bedeutsam es war, dass der Hund nicht gebellt hatte, denn die erste richtige Folgerung führt unfehlbar zu den nächsten. Durch den Zwischenfall mit Simpson wusste ich, dass es bei den Ställen einen Hund gab, aber dieser hatte, als jemand hineinging und das Pferd herausholte, nicht laut genug gebellt, dass die beiden Burschen im Obergeschoss aufgewacht wären. Der mitternächtliche Besucher muss also jemand gewesen sein, den der Hund gut kannte.

Ich war nun überzeugt oder fast überzeugt, dass John Straker mitten in der Nacht zu den Ställen gegangen war,

dead of the night and took out Silver Blaze. For what purpose? For a dishonest one, obviously, or why should he drug his own stable boy? And yet I was at a loss to know why. There have been cases before now where trainers have made sure of great sums of money by laying against their own horses, through agents, and then prevented them from winning by fraud. Sometimes it is a pulling jockey. Sometimes it is some surer and subtler means. What was it here? I hoped that the contents of his pockets might help me to form a conclusion.

"And they did so. You cannot have forgotten the singular knife which was found in the dead man's hand, a knife which certainly no sane man would choose for a weapon. It was, as Dr Watson told us, a form of knife which is used for the most delicate operations known in surgery. And it was to be used for a delicate operation that night. You must know, with your wide experience of turf matters, Colonel Ross, that it is possible to make a slight nick upon the tendons of a horse's ham, and to do it subcutaneously so as to leave absolutely no trace. A horse so treated would develop a slight lameness which would be put down to a strain in exercise or a touch of rheumatism, but never to foul play."

"Villain! Scoundrel!" cried the Colonel.

"We have here the explanation of why John Straker wished to take the horse out on to the moor. So spirited a creature would have certainly roused the soundest of sleepers when it felt the prick of the knife. It was absolutely necessary to do it in the open air."

"I have been blind!" cried the Colonel. "Of course, that was why he needed the candle, and struck the match."

um Silver Blaze herauszuholen. Aber in welcher Absicht? Offenbar in böser Absicht, denn warum hätte er sonst seinen Stallburschen betäubt? Und trotzdem blieb mir sein Grund schleierhaft. Es hat schon Fälle gegeben, in denen ein Trainer viel Geld verdient hat, indem er mit Hilfe eines Agenten gegen sein eigenes Pferd wettete und dann mit kriminellen Mitteln dafür sorgte, dass dieses nicht gewinnen konnte. Mal wird ein Jockey bestochen, mal sind es subtilere und wirksamere Mittel. Was war es in diesem Fall? Ich hoffte, dass der Inhalt seiner Taschen Schlussfolgerungen zulassen würde.

Und so war es auch. Sie haben sicher das eigenartige Messer nicht vergessen, das man in der Hand des Toten fand, ein Messer, das kein vernünftiger Mensch als Waffe benutzen würde. Es handelte sich, wie Dr. Watson schon erklärte, um ein Messer, wie es Chirurgen für äußerst komplizierte Operationen verwenden. Auch in dieser Nacht sollte es für eine solche Operation verwendet werden. Aufgrund Ihrer langjährigen Erfahrung mit Rennpferden werden Sie wissen, Colonel Ross, dass man einen leichten Einschnitt in die Sehne am Hinterlauf eines Pferdes machen kann, und zwar subkutan, so dass davon nichts zu sehen ist. Ein solcher Schnitt führt dazu, dass das Pferd ein wenig lahmt, was man dann auf Überanstrengung beim Training oder auf einen Anflug von Rheuma zurückführen würde, aber niemals auf Betrug.»

«So ein Schurke und Halunke!» schrie der Colonel.

«Das erklärt uns, warum John Straker mit dem Pferd hinaus aufs Moor reiten wollte. Ein so temperamentvolles Tier hätte sicherlich jeden Schläfer geweckt, sobald es das scharfe Messer spürte. Die Tat musste also unbedingt weiter draußen ausgeführt werden.»

«Ich muss blind gewesen sein!» rief der Colonel aus. «Ganz klar: darum hat er eine Kerze gebraucht und ein Streichholz angezündet.»

"Undoubtedly. But in examining his belongings, I was fortunate enough to discover, not only the method of the crime, but even its motives. As a man of the world, Colonel, you know that men do not carry other people's bills about in their pockets. We have most of us quite enough to do to settle our own. I at once concluded that Straker was leading a double life, and keeping a second establishment. The nature of the bill showed that there was a lady in the case, and one who had expensive tastes. Liberal as you are with your servants, one hardly expects that they can buy twenty-guinea walking dresses for their women. I questioned Mrs Straker as to the dress without her knowing it, and having satisfied myself that it had never reached her, I made a note of the milliner's address, and felt that by calling there with Straker's photograph, I could easily dispose of the mythical Darbyshire.

"From that time on all was plain. Straker had led out the horse to a hollow where his light would be invisible. Simpson, in his flight, had dropped his cravat, and Straker had picked it up with some idea, perhaps, that he might use it in securing the horse's leg. Once in the hollow he had got behind the horse, and had struck a light, but the creature, frightened at the sudden glare, and with the strange instinct of animals feeling that some mischief was intended, had lashed out, and the steel shoe had struck Straker full on the forehead. He had already, in spite of the rain, taken off his overcoat in order to do his delicate task, and so, as he fell, his knife gashed his thigh. Do I make it clear?"

"Wonderful!" cried the Colonel. "Wonderful! You might have been there."

«Zweifellos. Aber bei der Durchsicht seiner Habseligkeiten konnte ich glücklicherweise nicht nur ermitteln, wie das Verbrechen verübt wurde, sondern auch, warum. Sie sind ein erfahrener Mann, Colonel, und wissen, dass niemand die Rechnungen anderer Leute mit sich herumträgt. Die meisten von uns haben genug damit zu tun, die eigenen zu begleichen. Ich schloss daraus, dass Straker ein Doppelleben geführt und eine zweite Wohnung gehabt hat. Der Inhalt der Rechnung zeigte, dass eine Dame im Spiel war, und zwar eine mit einem teuren Geschmack. Sie sind Ihren Leuten gegenüber zwar großzügig, aber es ist nicht anzunehmen, dass die ihren Frauen Ausgehkleider für zwanzig Guineen kaufen können. Ich fragte Mrs. Straker nach dem Kleid, ohne dass sie es merkte, und als ich sicher war, dass sie es nie erhalten hat, notierte ich mir die Adresse der Putzmacherin, um mit Strakers Foto zu ihr zu gehen und diesen Darbyshire als Fiktion zu entlarven.

Von da an war alles glasklar. Straker hatte das Pferd in eine Senke geführt, wo man das Kerzenlicht nicht bemerken würde. Simpson hatte auf der Flucht seinen Schal verloren, und Straker hob ihn auf, vielleicht weil er dachte, er könnte damit den Fuß des Pferdes festbinden. Als er in der Senke war, stellte er sich hinter das Pferd und zündete ein Streichholz an, aber das Tier erschrak durch das plötzliche Aufflammen, und da ihm sein Instinkt gesagt haben muss, dass hier Böses beabsichtigt wurde, keilte es aus und traf Straker mit seinem eisenbeschlagenen Huf mitten auf die Stirn. Dieser hatte trotz des Regens bereits seinen Mantel ausgezogen, um die schwierige Tat ausführen zu können, und so kam es, dass er sich im Fallen mit dem Messer das Bein aufschlitzte. Ist das so weit verständlich?»

«Großartig!» rief der Colonel. «Ganz großartig! Als wären Sie selber dabei gewesen.»

"My final shot was, I confess, a very long one. It struck me that so astute a man as Straker would not undertake this delicate tendon-nicking without a little practice. What could he practise on? My eyes fell upon the sheep, and I asked a question which, rather to my surprise, showed that my surmise was correct."

"You have made it perfectly clear, Mr Holmes."

"When I returned to London I called upon the milliner, who at once recognized Straker as an excellent customer, of the name of Darbyshire, who had a very dashing wife with a strong partiality for expensive dresses. I have no doubt that this woman had plunged him over head and ears in debt, and so led him into this miserable plot."

"You have explained all but one thing," cried the Colonel. "Where was the horse?"

"Ah, it bolted and was cared for by one of your neighbours. We must have an amnesty in that direction, I think. This is Clapham Junction, if I am not mistaken, and we shall be in Victoria in less than ten minutes. If you care to smoke a cigar in our rooms, Colonel, I shall be happy to give you any other details which might interest you."

«Meine letzte Überlegung war zugegebenermaßen ein wenig gewagt. Ich sagte mir, dass ein kluger Mann wie Straker etwas so Heikles wie das Anschneiden einer Sehne nicht unternehmen würde, ohne das vorher zu üben. Wo konnte er aber üben? Da fiel mein Blick auf die Schafe, und ich stellte eine Frage, die zu meiner Überraschung ergab, dass meine Vermutung richtig gewesen war.»

«Sie haben das sehr gut erklärt, Mr. Holmes.»

«Nach meiner Rückkehr nach London suchte ich die Putzmacherin auf, die Straker als einen guten Kunden namens Darbyshire wiedererkannte, der eine sehr elegante Frau mit einem ausgeprägten Sinn für teure Kleider hatte. Ich bin überzeugt, dass er durch diese Frau tief in Schulden geriet und deshalb zu diesem schändlichen Plan getrieben wurde.»

«Sie haben jetzt alles erklärt, nur eins nicht», warf der Colonel ein. «Wo war das Pferd?»

«Ach, das war davongerannt und wurde von einem Ihrer Nachbarn versorgt. Wir sollten da eine Amnestie erlassen. Wenn ich nicht irre, ist das hier Clapham Junction, und in weniger als zehn Minuten werden wir Victoria Station erreichen. Wenn Sie auf eine Zigarrenlänge mit uns nach Hause kommen wollen, Colonel, werde ich Ihnen auf Wunsch gern weitere Einzelheiten erzählen.»

Ronald Knox: Solved by Inspection

Miles Bredon, the eminently indefatigable inquiry agent, was accustomed to describe himself as a perfect fool at his job. Here he was in agreement with his wife Angela; where he differed from her was in really regarding himself as a fool at his job. There she knew better; and so, fortunately for both of them, did the Indescribable – that vast insurance company which employed him to investigate the more questionable transactions of its clients, and saved itself about five thousand a year by doing so. On one occasion, however, Bredon did claim to have really solved a problem by inspection, without any previous knowledge to put him on the right track. Indeed, since he seldom read the cheaper kind of newspaper, it is probable that he had never heard of the eccentric millionaire, Herbert Jervison, until Herbert Jervison was found dead in his bed. He was only supplied with the facts of the situation as he travelled down in the train to Wiltshire with Dr Simmonds, the expensive medical man whom the Indescribable valued almost as much as Bredon himself. It was a bright summer's morning, and the dewy fields, horizoned by lazy stretches of canal, would have been food enough for meditation if Simmonds had not been so confoundedly anxious to impart information.

"You must have heard of him," he was saying. "He was a newspaper boom long before he was a casualty. The Million and a Half Mystic – that was the sort of thing they called him. Why is it that the grossly rich never have the least idea of how to spend money? This Jervison had pottered about in the East, and had got caught with all that eso-

Ronald Knox: Spurenlesen

Miles Bredon, der Detektiv, der bei seinen Ermittlungen nie locker ließ, behauptete gern, er sei für seinen Beruf völlig unbegabt. Seine Frau Angela widersprach ihm zwar nie, aber in der Frage, ob er wirklich unbegabt sei, war sie ganz anderer Meinung. Sie wusste es besser, ebenso wie – zum Glück für sie beide – «The Indescribable», die große Versicherungsgesellschaft, die ihn regelmäßig beauftragte, fragwürdige Transaktionen ihrer Kunden zu untersuchen, und die sich damit jährlich Verluste von etwa fünftausend Pfund ersparte. Einmal allerdings, behauptete Bredon, habe er tatsächlich einen Fall allein durch aufmerksames Spurenlesen gelöst, ohne irgendwelches Vorwissen, das ihn auf die richtige Fährte gebracht hätte. Da er kaum je die Sensationspresse las, hatte er wahrscheinlich auch noch nie von dem exzentrischen Millionär Herbert Jervison gehört, bevor dieser tot in seinem Bett gefunden wurde. Die näheren Umstände erfuhr er erst, als er gemeinsam mit Dr. Simmonds, dem hochbezahlten Mediziner, der beim «Indescribable» ähnliches Ansehen genoss wie Bredon selbst, mit dem Zug nach Wiltshire fuhr. Es war ein strahlender Sommermorgen, und die taubedeckten Felder, die in der Ferne da und dort von einem träge fließenden Kanal begrenzt wurden, hätten seine Gedanken ausreichend beschäftigt, wenn Simmonds nicht so überaus großen Wert darauf gelegt hätte, ihm den Fall zu schildern.

«Sie müssen doch von ihm gehört haben», sagte er gerade. «Die Zeitungen schrieben schon über ihn, lange bevor das passiert ist. ‹Der Eineinhalb-Millionen-Guru› oder so ähnlich haben sie ihn genannt. Wie kommt es, dass solche Superreichen nie wissen, was sie mit ihrem Geld anfangen sollen? Dieser Jervison hatte sich in Indien herumgetrieben und sich mit diesem esoterischen Quatsch

teric bilge – talked about Mahatmas and Yogis and things till even the most sanguine of his poor relations wouldn't ask him to stay. So he settled down at Yewbury here with some Indian frauds he had picked up, and said he was the Brotherhood of Light. Had it printed on his notepaper, which was dark green. Ate nuts and did automatic writing and made all sorts of psychic experiments, till the papers were all over him; that sort of stuff gets them where they live. And then, you see, he went and died."

"That's a kind of publicity we all achieve sooner or later. If they all did it later, our job with the Indescribable would be a soft one. Anyhow, why did they send for me? He probably choked on a Brazil nut or something. No question of murder or suicide or anything, is there?"

"That's just the odd part about it. He died suddenly, of starvation."

"I suppose you want me to say that's impossible. No medical man myself, I am astute enough to see that my leg is being pulled. Let's hear more about it. Did you ever see the fellow?"

"Not till he came in to be vetted for his insurance. I've been kicking myself over that; because, you see, I thought he was about the soundest life I'd ever struck. He was only fifty-three, and of course these people who go in for Oriental food-fads do sometimes pull off a longevity record. In fact, he had the cheek to ask for a specially low premium, because he said he was in a fair way to discovering the secret of immortality – which, as he pointed out, would make his premium a permanent asset to the company. And then he goes and kills himself by refusing his mash. Mark

beschäftigt – faselte nur noch von Mahatmas und Yogis und so was, bis selbst die geduldigsten seiner armen Verwandten ihn nicht mehr einluden. Also ließ er sich zusammen mit ein paar indischen Scharlatanen, die er unterwegs aufgelesen hatte, hier in Yewbury nieder und sagte, sie seien die Bruderschaft des Lichts. Das stand sogar auf seinem Briefpapier, das übrigens dunkelgrün war. Ernährte sich von Nüssen und beschäftigte sich mit automatischem Schreiben und allerhand psychischen Experimenten, bis sich die Presse auf ihn stürzte. So was ist für die ein gefundenes Fressen. Ja, und dann war er auf einmal tot.»

«Damit machen wir ja alle früher oder später von uns reden. Wenn es alle später täten, hätten wir beim ‹Indescribable› nicht viel zu tun. Warum haben die mich überhaupt gerufen? Vermutlich ist er an einer Paranuss oder so etwas erstickt. Mord oder Selbstmord oder dergleichen kommen doch wohl nicht in Frage, oder?»

«Das ist ja gerade das Merkwürdige. Er starb ganz unerwartet, und zwar an Unterernährung.»

«Damit wollen Sie vermutlich sagen, das sei völlig unmöglich. Ich bin zwar kein Mediziner, aber ich merke doch, dass Sie mich zum besten halten. Erzählen Sie mir mehr. Sind Sie dem Burschen je begegnet?»

«Erst als er kam, um sich wegen einer Lebensversicherung untersuchen zu lassen. Ich könnte mich deswegen ohrfeigen, denn damals dachte ich, einen solideren Kandidaten für eine Lebensversicherung gebe es gar nicht. Er war erst dreiundfünfzig, und Leute, die sich von diesem asiatischen Zeug ernähren, werden manchmal steinalt. Er hatte sogar die Stirn, eine besonders niedrige Prämie zu verlangen, da er auf dem besten Weg sei, das Geheimnis der Unsterblichkeit zu ergründen, wodurch, wie er sagte, seine Prämien für die Gesellschaft eine dauerhafte Einnahmequelle würden. Und dann bringt er sich einfach um, indem er Speis und Trank verweigert. Ich selbst würde ja

you, I'm not sure I wouldn't sooner starve than eat the sort of muck he ate; but then, he seemed to flourish on it."

"And there was really nothing wrong with him? What about his top storey?"

"Well, he admitted to nerves, and I must say he showed up badly over some of the nerve tests. You know we take the nervy people up to the top of the Indescribable building nowadays, to see whether it gives them the jim-jams. Well, this fellow was at the end of his tether; you couldn't get him to look over the edge for love or money. But if his relations had wanted him certified – and they'd every reason to – I couldn't have done it. Colney Hatch wasn't on the map; I'd swear to that, even at a directors' meeting."

"So he went off and died suddenly of starvation. Could you amplify that statement a bit?"

"Well, what really happened was that he shut himself up for ten days or so in the room he calls his laboratory. I haven't seen it, but it's an old gymnasium or racket-court, they tell me. There was nothing queer in that, because he was always shutting himself up to do his fool experiments; locked himself in and wasn't to be disturbed on any account. Probably thought his astral body was wandering about in Tibet. But – this is the odd thing – he was fully victualled, so I hear, for a fortnight. And at the end of ten days he was found dead in his bed. The local doctor, who had been out in the East and served a famine area, says it's the clearest case of starvation he's ever met."

"And the food?"

"The food was untouched. I say, this is Westbury, where the car's going to meet us. I didn't

auch lieber verhungern, als diesen Fraß zu mir zu nehmen, aber ihm scheint's geschmeckt zu haben.»

«Und ihm hat wirklich nichts gefehlt? Wie stand's mit seinem Oberstübchen?»

«Nun, er gab zu, schwache Nerven zu haben, und bei einigen psychologischen Tests hat er tatsächlich schlecht abgeschnitten. Sie wissen ja, dass wir mit nervenschwachen Leuten seit einiger Zeit aufs Dach des ‹Indescribable›-Gebäudes fahren, um festzustellen, ob sie davon Fracksausen kriegen. Nun, dieser Bursche zitterte am ganzen Leib. Er war um nichts in der Welt dazu zu bringen, in die Tiefe zu sehen. Aber selbst wenn seine Verwandten verlangt hätten – was verständlich gewesen wäre – dass ich ihn für unzurechnungsfähig erkläre – ich hätte es nicht tun können. Die Einweisung in eine Anstalt kam bei ihm nicht in Frage, das würde ich sogar vor dem Aufsichtsrat beeiden.»

«Er ist also ganz plötzlich verhungert. Könnten Sie das etwas genauer erklären?»

«Nun, genau genommen hat er sich etwa zehn Tage lang in einem Raum eingeschlossen, den er als sein Labor bezeichnete. Ich war nie dort, aber wie ich höre, handelt es sich dabei um eine ehemalige Turn- oder Squashhalle. Daran war nichts Besonderes, denn er hat sich oft eingeschlossen, um seine verrückten Experimente durchzuführen – hat sich eingeschlossen und wollte auf keinen Fall gestört werden. Bildete sich vermutlich ein, sein Astralleib wandere in Tibet umher. Aber – und das ist das Merkwürdige daran – er hatte anscheinend Lebensmittel für zwei Wochen bei sich. Und nach zehn Tagen fand man ihn tot in seinem Bett. Der örtliche Arzt, der selbst in Fernost war und in einem Notstandsgebiet gearbeitet hat, sagt, es sei ein eindeutiger Fall von Hungertod.»

«Und die Nahrungsmittel?»

«Waren unberührt. Da sind wir ja schon in Westbury! Ein Auto wartet hier auf uns. Ich habe Dr. Mayhew nichts

tell Dr Mayhew I was bringing a friend; how exactly am I going to explain you?"

"Tell him I'm the representative of the company. That always fetches them. Hallo, there's a black man on the platform."

"That'll be the chauffeur... No, thanks, no luggage... Good morning, are you from Yewbury? Dr Simmonds, my name is; I think Dr Mayhew expects me. Outside, is he? Good. Come along, Bredon."

Dr Mayhew was a little round-faced man who seemed incapable of suspicion and radiated hospitality. You saw at once that he was the kind of country doctor who suffers from having too little company, and can scarcely be got to examine your symptoms because he is so anxious to exchange all the news first. He outdid Simmonds himself in his offhand way of referring to the tragedy.

"Awfully good of you fellows to come," he said. "Not that I'm anxious for a second opinion here. Nine cases out of ten, you know that well enough, one signs the death certificate on an off-chance; but there ain't any doubt about this poor devil. I've been in a famine area, you know, and seen the symptoms often enough to make you dream of it; not pleasant, are they? I expect Mr – oh, yes, Bredon, to be sure; Mr Bredon won't want to see the corpus. They've got it parked up at the Brotherhood House, ready to be disposed of when it's finished with; the – er – symptoms come on rather suddenly, you know, Mr Bredon, in these cases. What about coming round to my house and having a spot of something on the way? Sure you won't? Oh, very well. Yes, they've got to bury him in some special way of their own, tuck him up with his feet towards Jericho, I expect, or something of that sort. Hope these niggers'll clear

davon gesagt, dass ich einen Freund mitbringe. Wie soll ich Ihre Anwesenheit erklären?»

«Sagen Sie, ich sei ein Vertreter der Versicherungsgesellschaft. Das leuchtet immer ein. Ah, da steht ein schwarz gekleideter Mann auf dem Bahnsteig.»

«Das wird der Fahrer sein... Nein, danke, keine Koffer... Guten Morgen, kommen Sie von Yewbury? Ich bin Dr. Simmonds; Dr. Mayhew erwartet mich. Ah, er wartet draußen? Gut. Kommen Sie, Bredon.»

Dr. Mayhew war ein kleiner Mann mit einem runden Gesicht, der Herzlichkeit ausstrahlte und Misstrauen nicht zu kennen schien. Man sah sofort, dass er ein typischer Landarzt war, dem es an Gesellschaft mangelt und den man dazu drängen muss, einen zu untersuchen, weil er zuerst einmal alle Neuigkeiten austauschen möchte. Die Nüchternheit, mit der er über diese Tragödie sprach, übertraf sogar die von Dr. Simmonds.

«Wirklich nett, dass Sie gekommen sind», sagte er. «Nicht, dass hier ein zweites Gutachten nötig wäre. Wenn man einen Totenschein unterschreibt (das wissen Sie ja am besten), bleibt in neun von zehn Fällen immer noch ein Rest von Unsicherheit, aber bei diesem armen Teufel gibt's gar keinen Zweifel. Ich war mal in einem Gebiet, wo Hungersnot herrschte, und hab die Symptome so oft gesehen, dass ich noch davon träume. Sind ziemlich unschön, stimmt's? Mr... ach ja, Mr. Bredon wird die Leiche wohl nicht sehen wollen. Man hat sie droben im Haus der Bruderschaft abgestellt, wo sie abgeholt werden kann, wenn wir damit fertig sind. Wissen Sie, die... äh... Symptome, Mr. Bredon, treten in solchen Fällen ziemlich plötzlich auf. Wie wär's, wenn wir unterwegs bei mir auf einen Schluck einkehrten? Nein, bestimmt nicht? Na schön. Ja, sie wollen ihn auf ihre ganz eigene Weise beerdigen, wahrscheinlich mit den Füßen in Richtung Jericho oder so ähnlich. Hoffentlich verschwinden diese dunkel-

out after this," he added, lowering his voice for fear the driver should overhear him. "The neighbours don't like 'em, and that's a fact. They're not pukka Indians, you know; he picked them up in San Francisco or somewhere; lascars, I should call 'em."

"I don't know that you're likely to be rid of them, doctor," explained Bredon. "I suppose you realize that they benefit heavily under Jervison's will? At least, his insurance policy is made out in favour of the Brotherhood, and I suppose there'll be a tidy piece of his own money coming to them as well."

"And your company pays up, does it, Mr Bredon?" said the little doctor. "Gad, I wonder if they'd let me into the Brotherhood? There are only four of them in it; and I could do with a few extra thousands."

"Well," explained Bredon, "that's what we're here about. If it's suicide, you see, they can't touch the money. Our policies don't cover suicide; it would be too much of a temptation."

"That so? Well, then, you're on velvet. The thing can only be suicide, and unsound mind at that. There's Yewbury, up on the hill. Queer place; very rich man had it, name of Rosenbach, and fitted it all up like a palace, with a real racket-court; that's the roof of it you see there. Then he crashed, and the place was sold for next to nothing; taken on as a preparatory school, it was, by a young fellow called Enstone; I liked him, but he never could make the place pay properly, one way and another, so he sold out and went to the South Coast, and then Jervison took it on. Well, here we are. Would you like to wander about the grounds, Mr Bredon, while we go in and look at the remains, or what?"

"I think I'd like to go into the room where he was

häutigen Kerle anschließend», fügte er dann hinzu, wobei er die Stimme senkte, damit ihn der Fahrer nicht hören konnte. «Die Nachbarn mögen sie nämlich ganz und gar nicht. Das sind keine vornehmen Inder, wissen Sie. Er hat sie in San Francisco oder sonstwo aufgelesen. Gesindel, würde ich sagen.»

«Ich glaube nicht, Doktor, dass Sie die so leicht los werden», wandte Bredon ein. «Sie wissen vermutlich, dass Jervison ihnen eine Menge vermacht hat. Zumindest hat er seine Lebensversicherung zu Gunsten der Bruderschaft abgeschlossen, und ich nehme an, dass ihnen auch ein stattlicher Teil seines Vermögens zufällt.»

«Ihre Gesellschaft wird also zahlen, Mr. Bredon?» fragte der kleine Doktor. «Himmel, ob die mich noch in die Bruderschaft aufnehmen würden? Zur Zeit sind sie nur zu viert, und ich könnte ein paar Tausender gut gebrauchen.»

«Nun», erklärte Bredon, «deswegen sind wir ja hier. Wenn es sich nämlich um Selbstmord handelt, kommen sie nicht an das Geld heran. Selbstmord ist durch unsere Policen nicht gedeckt. Da wäre die Versuchung zu groß.»

«So? Dann ist ja alles in Butter. Es kann nur Selbstmord gewesen sein, und zwar in geistiger Verwirrung. Dort liegt Yewbury, oben auf dem Hügel. Sonderbares Haus. Gehörte einem steinreichen Mann namens Rosenbach, der es wie einen Palast ausstaffierte, mit einer richtigen Squashhalle. Dort sehen Sie das Dach. Dann ging er pleite, und das Ganze wurde für 'n Appel und 'n Ei verkauft. Ein junger Bursche namens Enstone machte daraus eine Internatsschule. Konnte ihn gut leiden, aber irgendwie warf die Sache kein Geld ab, also verkaufte er und zog an die Südküste, und dann übernahm Jervison das Haus. So, da wären wir. Möchten Sie sich hier draußen ein bisschen umsehen, Mr. Bredon, während wir hineingehen und uns die sterblichen Überreste anschauen?»

«Ich würde mir lieber den Raum ansehen, in dem er

found. Perhaps one of these natives would take me in; I'd like to have a chance of talking to one of them."

The arrangement was made without difficulty, though Bredon found his guide a source of embarrassment, almost of nervousness. The driver of the car had worn an ordinary dark suit, but this other representative of the community was dressed in flowing white robes, with a turban to match, and seemed covered all over with cabalistic emblems. He was tall and strongly built; his manner was at once impassive and continually alert; nothing seemed to disturb him, yet you felt that nothing escaped him. And when he spoke, he belied his whole appearance by talking English with a violently American intonation.

The racket-court stood at a considerable distance from the main block of buildings; perhaps five hundred yards away. The gallery which had once existed close to the door had been cleared away to make space when it had been turned into a gymnasium, and you entered directly into a huge oblong room, with something of a cathedral vastness in its effects of distance and of silence. The floor had been fitted with shiny red oilcloth, so that your footsteps were deadened, and the echoes of the place awoke only at the sound of your voice. The light came chiefly, and the ventilation entirely, from a well in the centre of the roof; the top of this was of fixed glass, and only the iron slats at the side were capable of letting in air. There were still memories of the gymnasium period; at four points in the ceiling were iron rings, which looked as if ropes had hung down from them by hooks, and there were lockers at one side which still seemed

gefunden wurde. Vielleicht kann mich einer dieser Eingeborenen hinbringen. Ich möchte mich gerne mit einem von ihnen unterhalten.»

Das war schnell arrangiert, aber Bredon empfand gegenüber seinem Führer so etwas wie Beklommenheit, ja fast Unbehagen. Während der Fahrer des Wagens einen normalen dunklen Anzug getragen hatte, war dieser Vertreter der Gemeinschaft in wallende weiße Gewänder gehüllt, mit einem dazu passenden Turban, und er war über und über mit kabbalistischen Zeichen bedeckt. Er war groß und muskulös, und er wirkte zugleich unnahbar und hellwach. Nichts schien ihn aus der Ruhe zu bringen, aber man merkte, dass ihm nichts entging. Wenn er sprach, wurde seine Aufmachung durch seinen starken amerikanischen Akzent Lügen gestraft.

Die Squashhalle befand sich in einiger Entfernung von den übrigen Gebäuden, etwa fünfhundert Meter abseits. Die Zuschauergalerie, die sich einmal über dem Eingang befunden hatte, war abgerissen worden, um Platz zu schaffen, als das Ganze zu einer Turnhalle umgebaut wurde, so dass man jetzt unmittelbar in einen hohen, langgestreckten Raum eintrat, der durch seine Tiefe und Stille an eine Kathedrale erinnerte. Der Boden war mit glänzendem roten Linoleum bedeckt, das das Geräusch von Schritten schluckte, und nur wenn gesprochen wurde, war ein Echo zu hören. Licht kam hauptsächlich und frische Luft ausschließlich durch eine runde Öffnung in der Mitte der Decke. Diese Öffnung war mit einer Glasscheibe abgedeckt, die auf eisernen Gitterstäben ruhte, und zwischen diesen strömte die Luft herein. Das eine oder andere erinnerte noch an die Zeit, als dies eine Turnhalle war: an vier Stellen an der Decke gab es eiserne Ringe, die so aussahen, als hätten daran mit Haken befestigte Kletterseile gehangen, und an einer Wand standen Spinde, in denen sich noch immer die Turnschuhe von kleinen Jungen zu befinden schienen.

to demand the presence of juvenile boots. Little had been done since in the way of furnishing; the eccentric had evidently used the place when he wanted to be separated from his kind, with the thick walls shutting out the sounds of the countryside, the heavy locked doors preventing intrusion. Bredon could not help wondering if the owner had felt safer sleeping in here than under the same roof with his questionable protégés.

But two pieces of furniture there were, which attracted attention almost equally as symptoms of the recent tragedy. One was a bed, standing out in the very middle of the floor; a temporary arrangement, apparently, since it was a wheeled bed with iron railings, of the type common in hospitals, and the wheels had dragged lines across the linoleum, which still shone from their passage. The bed itself was absolutely bare; even the under-blanket had been torn out from its position, and lay, with the other blankets and the sheets, on and around the bed in grotesque confusion. It had the air, Bredon felt, of a bed from which the occupant has been pulled out, rather than of one which the occupant has left, in whatever hurry or excitement, of his own free will. Beyond the bed, against the wall furthest from the entrance, stood a sideboard, plentifully laden with vegetarian food. There was a loaf of bread, made of some very coarse grain, a honeycomb in a glass dish, a box of dates, some biscuits which looked brittle as glue, even, in witness of Simmonds's accuracy, some nuts. It was not a room in which the ordinary man would have sat down cheerfully to a meal; but, what was more important, it was a room in which you could not possibly starve.

Seither war wenig geschehen, um diesen Raum auszustatten. Der Exzentriker hatte diesen Ort offensichtlich gewählt, wenn er sich von seinesgleichen zurückziehen wollte. Die dicken Mauern hielten alle Geräusche der Außenwelt fern, und die schweren verschließbaren Türen verhinderten jede Störung. Bredon überlegte unwillkürlich, ob der Hausherr sich hier im Schlaf vielleicht sicherer gefühlt hatte als unter einem Dach mit seinen fragwürdigen Schützlingen.

Zwei Möbelstücke gab es aber doch, die beide im Zusammenhang mit dem tragischen Ereignis fast dieselbe Beachtung verdienten. Das eine war ein Bett, das genau in der Mitte des Raumes stand, wobei es sich anscheinend erst seit kurzem an dieser Stelle befand, denn es handelte sich um eins jener eisernen Betten auf Rädern, wie man sie in Krankenhäusern findet, und die Räder hatten, als es bewegt wurde, auf dem Linoleum glänzende Spuren hinterlassen. Das Bettgestell selbst war völlig nackt; sogar das Unterbett war aus seinem Rahmen gerissen worden und lag zusammen mit den übrigen Decken und Laken in einem wildem Durcheinander auf und neben dem Bett. Es kam Brendon so vor, als sei der, der in diesem Bett gelegen hatte, herausgezerrt worden, anstatt es selbständig zu verlassen, in welcher Eile oder Erregung auch immer. Auf der anderen Seite des Bettes, an der Wand, die dem Eingang gegenüber lag, stand ein Büffet, auf dem sich große Mengen vegetarischer Kost befanden; darunter ein Laib Brot aus sehr grobem Schrot, eine Honigwabe auf einem Glasteller, eine Schachtel mit Datteln, ein paar Zwiebäcke, die aussahen wie bröckeliger Leim, und, wie um Simmonds' Aussage zu bestätigen, einige Nüsse. Es war zwar kein Raum, in dem sich ein normaler Mensch mit Freude zum Essen niedergesetzt hätte, aber – und das war hier wichtiger – es war ein Raum, in dem man unmöglich verhungern konnte.

Bredon went to the sideboard first of all, and gave the exhibits a careful scrutiny. He felt the outside of the bread, and satisfied himself, from the hardness of the "fly-walk," that it had remained for several days untasted. He tried some milk from a jug which stood there, and found it, as he had expected, thoroughly sour. "Did Mr Jervison always have sour milk?" he asked of his guide, who was watching all his movements with grave interest. "No, sir," was the answer. "I took that milk in myself, the evening when we last saw the prophet alive. It was sweet milk, fresh from the dairy. It has not been drunk, not one drop of it, till you tasted it, sir, just now." The box of dates, though it was opened, contained its full complement of fruit. The honey was thick, and furred over with dust. The place on which the biscuits lay was not covered with crumbs, as it should have been if any of them had been broken. Altogether, it seemed a safe conclusion that the dead man had starved in sight of plenty.

"I want to ask some questions, if I may," said Bredon, turning to the native. "My company wishes to satisfy itself whether Mr Jervison died by misadventure, or took his own life. You will not mind helping me?"

"I will tell you whatever you wish to know. I am sure you are a very just man."

"Look here, then – did Jervison often sleep here? And why did he want to sleep here that night – the night when you last saw him?"

"Never before; but that night he was trying a very special experiment; you do not understand these things here in the West. He was meaning to take a narcotic drug, one which he had prepared himself, which would set his soul free from his

Als erstes ging Brendon zu dem Büffet und untersuchte die Beweisstücke aufmerksam. Er betastete das Brot und überzeugte sich davon, dass seit Tagen nichts davon abgeschnitten worden war. Er kostete von der Milch, die in einem Krug dastand, und fand sie, wie erwartet, stocksauer. «Hat Mr. Jervison immer Sauermilch getrunken?» fragte er seinen Führer, der alle seine Bewegungen mit ernster Aufmerksamkeit verfolgte. «Nein, Sir», war die Antwort. «Ich habe diese Milch selbst hergebracht, an dem Abend, als wir den Propheten zum letzten Mal lebend sahen. Es war frische Milch, direkt aus der Molkerei. Es ist nichts davon getrunken worden, kein Tropfen, bis Sie gerade eben davon versucht haben, Sir.» Die Schachtel mit Datteln stand zwar offen, enthielt aber noch sämtliche Früchte. Der Honig war zäh und mit Staub bedeckt. Dort, wo die Zwiebäcke lagen, waren keine Krümel zu sehen, wie sie beim Zerbrechen des Gebäcks entstanden wären. Also alles in allem: es schien eindeutig so, dass der Tote trotz reichlicher Vorräte verhungert war.

«Wenn Sie erlauben, würde ich Ihnen gerne ein paar Fragen stellen», sagte Bredon, zu dem Inder gewandt. «Meine Gesellschaft möchte feststellen, ob Mr. Jervison durch einen Unfall starb, oder ob er sich das Leben genommen hat. Könnten Sie mir da helfen?»

«Ich werde Ihnen jegliche Auskunft geben, die sie haben wollen. Ich bin sicher, dass Sie ein sehr gerechter Mensch sind.»

«Also hören Sie zu. Hat Jervison oft hier geschlafen? Und warum wollte er in jener Nacht gerade hier schlafen – in der Nacht, als Sie ihn zuletzt sahen?»

«Das war das erste Mal, aber in dieser Nacht wollte er ein ganz besonderes Experiment durchführen. Hier im Westen können Sie das nicht verstehen. Er hatte vor, ein Betäubungsmittel zu nehmen, eins, das er selbst zubereitet hatte und mit dem sich seine Seele vom Körper

body. But because it is very dangerous to be disturbed from outside, while the soul is away from the body, he wanted to sleep here, where nobody could disturb him, and we wheeled that bed in from the house. All this you will find written in his diary; he was very careful to do that, because, he said, if any harm came to him from the experiment, he wished it to be known that it was no fault of ours. I will show you the diary myself."

"Oh, he was drugged, was he, that first night? You don't think he may have taken an overdose of the drug, and died from that?"

The Indian smiled ever so slightly, and shrugged his shoulders. "But the doctor has told us that he starved to death. Your friend is a doctor also; he will tell you the same. No, I will tell you what I think. The prophet fasted very often, especially when he wished his soul to be free. And I think that when he woke up from his sleep he had had some revelation which made him want to go deeper into these mysteries; and therefore he fasted; only this time he fasted too long. He fasted perhaps till he fainted, and was too weak to reach his food, or to come out and find help. And we waited in the house, doing our own studies, while the prophet was dying in here. It was fated that it should be so."

Bredon was less interested in the theological bearings of the question than in its legal aspect. Is a man who starves himself without meaning to kill himself a suicide? Anyhow, that was for the lawyers. "Thank you," he said, "I will wait for my friend here; don't let me keep you." The Indian bowed, and left him – with some reluctance, Bredon thought. But he was determined to search

lösen sollte. Nun ist es aber sehr gefährlich, wenn man gestört wird, während die Seele sich außerhalb des Körpers befindet, und darum wollte er hier schlafen, wo er ungestört war, und wir rollten das Bett aus dem Haus hier herein. Das alles hat er in seinem Tagebuch ganz genau aufgezeichnet, denn er wollte nicht, sagte er, dass man uns die Schuld gäbe, falls ihm auf Grund seines Experiments etwas zustoßen sollte. Ich werde Ihnen das Tagebuch persönlich zeigen.»

«Er stand also in dieser ersten Nacht unter Drogen? Glauben Sie, er könnte eine Überdosis genommen haben und daran gestorben sein?»

Der Inder lächelte leicht und zuckte mit den Schultern. «Der Arzt hat doch erklärt, er sei verhungert. Ihr Freund ist auch Arzt, er wird Ihnen das bestätigen. Nein, ich will Ihnen sagen, was ich glaube. Der Prophet hat oft gefastet, vor allem, wenn er wollte, dass seine Seele frei wird. Und ich glaube, dass er eine Art von Erleuchtung hatte, als er aus dem Schlaf erwachte, und dass er daraufhin noch tiefer in diese Mysterien eintauchen wollte. Darum hat er gefastet, aber diesmal hat er zu lange gefastet. Vielleicht hat er gefastet, bis er ohnmächtig wurde, und dann war er zu schwach, um seine Nahrung zu erreichen oder um herauszukommen und Hilfe zu holen. Und wir warteten im Haus und gingen unseren Studien nach, während der Prophet hier im Sterben lag. Es kam so, wie es vorherbestimmt war.»

Bredon war an der religiösen Seite der Frage weniger interessiert als an der rechtlichen. Ist jemand, der nichts isst, ohne sich dadurch töten zu wollen, ein Selbstmörder? Darum müssten sich die Juristen jedenfalls mal kümmern. «Danke», sagte er. «Ich werde hier auf meinen Freund warten. Lassen Sie sich nicht aufhalten.» Der Inder verbeugte sich und ging – etwas zögernd, so kam es Bredon vor. Er war aber entschlossen, den Raum gründlich zu

this room thoroughly; he did not like the look of things. The lock on the door – no, that did not seem to have been tampered with, unless there were a second key. The walls? You do not make secret doors in a racket-court. The windows? None, except those slats underneath the skylight, at the sides of the well; only just room for a man to put his hand in there, and that would be about forty feet up. Hang it all, the man had been alone for ten days; he had left the food untasted, and he had made no effort to get out. There was even a writing-tablet with a pencil tied to it, not far from the bed; he had meant, Bredon supposed, to write down his revelations on it as he woke from sleep; yet the dust stood on the top sheet, and the dead man had left no message. Could it really be madness? Or was the Indian right in his guess? Or was it even possible… one heard of strange tricks these Eastern jugglers played; was it possible that these four adepts had managed to tamper with the inside of the room without entering it?

And then Bredon noticed something on the floor which interested him; and when Simmonds came back with the little doctor they found him on all fours beside the bed, and the face he turned towards them was a very grave one, yet with a light in the eyes that suggested the anticipation of a victory.

"What a time you've been!" he said reproachfully.

"There's been a good deal in the way of alarms and excursions," exclaimed Simmonds. "Your friends the police have been round, and they've just taken off the whole Brotherhood in a suitably coloured Maria. Apparently they are known in Chicago. But I'm dashed if I see how they are going to

untersuchen, denn irgendwie gefiel ihm die Sache nicht. Das Türschloss – nein, daran hatte sich offenbar niemand zu schaffen gemacht, es sei denn, es gäbe einen zweiten Schlüssel. Die Mauern? In eine Squashhalle baut man keine Geheimtüren ein. Die Fenster? Es gab keine außer den Gitterstäben unterhalb des Oberlichts, rund um die Deckenöffnung. Da konnte ein Mann kaum die Hand durchzwängen, und das zwölf Meter über dem Boden. Weiß Gott, dieser Mann war wirklich zehn Tage lang allein gewesen, hatte keine Nahrung angerührt und keinen Versuch gemacht hinauszukommen. Nicht weit vom Bett lag sogar ein Schreibblock, an dem ein Stift hing. Bredon nahm an, dass er darauf beim Aufwachen Erleuchtungen notieren wollte. Aber das oberste Blatt war mit Staub bedeckt, und der Tote hatte keine Nachricht hinterlassen. Ob es sich doch um Wahnsinn handelte? Hatte der Inder mit seiner Vermutung recht? Oder wäre es am Ende möglich… man hörte ja von allerlei Tricks dieser orientalischen Zauberkünstler. War es möglich, dass diese vier Jünger in dem Raum etwas verändert hatten, ohne ihn selbst zu betreten?

Und dann sah Bredon etwas auf dem Fußboden, das seine Aufmerksamkeit erregte, und als Simmonds mit dem kleinen Doktor zurückkam, fanden sie ihn auf allen Vieren neben dem Bett. Seine Miene war ernst, als er sich nach ihnen umdrehte, aber seine Augen leuchteten siegesgewiss.

«Wo sind Sie denn nur geblieben?» sagte er vorwurfsvoll.

«Es hat sich eine Menge getan!» rief Simmonds. «Ihre Freunde von der Polizei waren da und haben gerade die gesamte Bruderschaft in einer Grünen Minna abtransportiert. Anscheinend sind sie alle in Chicago einschlägig bekannt. Aber wie man ihnen in dieser Sache hier etwas nachweisen will, ist mir ein Rätsel. Der Mann ist ver-

fix anything on them over this business. The man starved to death. Don't talk to me about drugs, Bredon; there simply isn't any question of that."

"It's murder, though," said Bredon cheerfully. "Look here!" And he pointed to the shiny tracks drawn across the oil-cloth by the movement of the bed's wheels. "You see those tracks? They don't lead right up to the place where the bed stands; they stop about two inches short of it. And that means murder, and a dashed ingenious kind of murder too. By rights, the police oughtn't to be able to fix it on them, as you say. But that's the bother about a murder which takes four men to do it; one of them is certain to break down under examination, and give the others away. I was wondering, Dr Mayhew – when your friend Enstone left, did he take the fixtures away with him? The fixtures of this gymnasium, for example?"

"Sold the whole place, lock, stock and barrel. He needed all the money he could get and the Brotherhood weren't particular. There's a sort of shed at the back, you know, where Enstone used to keep odds and ends, and I shouldn't be a bit surprised if you find the parallel bars and what not tidied away in there. Were you thinking of giving us a gymnastic display? Because I should suggest some lunch first."

"I just thought I'd like to look at them, that's all. And then, as you say, lunch." Dr Mayhew's prophecy proved accurate. The shed at the back was plentifully littered with the appropriate debris. A vaulting-horse stood there, mutely reproachful at having been so long turned out to grass; the parallel bars were still shiny from youthful hands; the horizontal ladder, folded in three, was propped at an uneasy angle, and the floor was a network of ropes and rings. Bredon

hungert. Und kommen Sie mir nicht mit Drogen, Bredon. Die spielen hier keine Rolle.»

«Trotzdem war es Mord», sagte Bredon gutgelaunt. «Sehen Sie her!» Und er deutete auf die schimmernden Spuren, die das Bett hinterlassen hatte, als es über das Linoleum gerollt wurde. «Sehen Sie diese Spuren? Sie reichen nicht bis dahin, wo das Bett jetzt steht, sondern enden schon etwa drei Finger breit vorher. Und das bedeutet Mord, und zwar Mord von einer ganz ausgeklügelten Art. Von Rechts wegen, sagen Sie, kann die Polizei diesen Leuten den nicht anhängen. Aber mit einem Mord, an dem vier Männer beteiligt sind, hat es eine besondere Bewandtnis. Einer von den Vieren bricht beim Verhör bestimmt zusammen und verrät die anderen. Was mich noch interessieren würde, Dr. Mayhew: Als Ihr Freund Enstone von hier wegzog, hat er da alle beweglichen Gegenstände mitgenommen? Zum Beispiel die Geräte aus dieser Turnhalle?»

«Er hat die Gebäude mit allem, was darin war, verkauft. Brauchte jeden Penny, und die Bruderschaft war nicht kleinlich. Da hinten gibt's eine Art Schuppen, in dem Enstone alles Mögliche aufbewahrte. Würde mich nicht wundern, wenn Sie dort noch die Barren und wer weiß was fänden. Möchten Sie uns denn was vorturnen? Vorher sollten wir aber zu Mittag essen.»

«Ich möchte nur noch einen Blick auf die Sachen werfen, weiter nichts. Danach gehen wir essen, klar.» Dr. Mayhews Vermutung erwies sich als richtig. Der Schuppen hinter der Turnhalle war unordentlich voll mit den erwarteten Gegenständen. Ein ledernes Pferd stand da wie ein stummer Vorwurf, dass man es so lange vernachlässigt hatte. Die von Jungenhänden blank gewetzten Barrenholme glänzten noch; eine Sprossenleiter lehnte zusammengeklappt schräg an der Wand; und auf dem Boden lag ein Gewirr von Kletterseilen und Ringen. Bredon hob eins

took up a rope at random and brought it out into the daylight. "You see," he said, passing his hands down it; "it's frayed all along. Boys don't fray ropes when they climb up them; they wear gym-shoes. Besides, the fraying is quite fresh; looks only a day or two old. Yes, that's what they did; and I suppose we had better tell the police about it. The company stands to lose, of course; but I don't see what is to be done with the policy now, unless they erect a mausoleum over the Brotherhood with it. There won't be any more Brotherhood now, Dr Mayhew."

"You must excuse him," apologized Simmonds; "he is like this sometimes. I hate to say it, Bredon, but I haven't completely followed your train of thought. How did these fellows get at Jervison, when he was locked up in his gymnasium? You can't kill a man by starvation, unless you shut him up without any food, or hold him down so that he can't get at it."

"You're wrong there," objected Bredon. "There are all sorts of ways. You can poison the food, and tell him it is poisoned. Not that that happened here, because I've tasted some of the milk myself, and here I am. Besides, I think a starving man would always risk it when it came to the point: You can hypnotize the man, in theory, and persuade him that the food isn't there, or that it isn't food at all. But that's only in theory; you never hear of a crime like that being pulled off in real life. No, the Indians had their alibi all right, when poor Jervison died."

"You mean they starved him somewhere else, and brought his body in here afterwards?"

"Hardly that. You see, it would be very much simpler to starve your man in here, and bring

der Seile auf und ging damit ans Tageslicht. «Sehen Sie», sagte er und fuhr mit der Hand darüber, «es ist ganz aufgerauht. Ein Seil wird nicht davon aufgerauht, dass Jungen daran hochklettern, denn die tragen Turnschuhe. Außerdem ist diese Abnutzung neu, nicht älter als ein paar Tage. Ja, so haben sie's gemacht, und wir sollten das jetzt der Polizei mitteilen. Natürlich wird meine Gesellschaft zahlen müssen, aber ich weiß nicht, was mit der Versicherungssumme geschehen soll, es sei denn, die errichten damit der Bruderschaft ein Mausoleum. Denn eine Bruderschaft wird es jetzt nicht mehr geben, Dr. Mayhew.»

«Sie müssen entschuldigen», sagte Dr. Simmonds, «aber so ist er manchmal. Nehmen Sie's mir nicht übel, Bredon, aber ich konnte Ihren Gedankengängen nicht ganz folgen. Wie sind diese Burschen an Jervison herangekommen, wenn er sich doch in seiner Turnhalle eingeschlossen hatte? Um jemanden vorsätzlich verhungern zu lassen, muss man ihn entweder ohne Nahrung einsperren, oder man hindert ihn daran, an das Essen zu gelangen.»

«Sie irren», entgegnete Bredon. «Es gibt noch viele andere Möglichkeiten. Man könnte sein Essen vergiften oder behaupten, es sei vergiftet. Nicht, dass das hier der Fall gewesen wäre, denn ich habe selbst von der Milch getrunken und lebe noch. Außerdem glaube ich, dass ein Verhungernder es in seiner Not darauf ankommen ließe. Theoretisch könnte man den Mann auch hypnotisieren und ihm einreden, das Essen sei gar nicht da oder es sei nicht essbar. Aber das ist bloße Theorie. In Wirklichkeit ist noch nie ein Verbrechen auf diese Weise verübt worden. Nein, diese Inder hatten ein hieb- und stichfestes Alibi, als der arme Jervison starb.»

«Wollen Sie damit sagen, sie hätten ihn woanders verhungern lassen und dann seine Leiche hierher gebracht?»

«Kaum. Es wäre doch viel einfacher, den Mann hier verhungern zu lassen und das Essen nachträglich hereinzu-

the food in afterwards to look as if he'd starved himself deliberately. But to do either of those things you must have access to the building. Do you happen to know, Dr Mayhew, who it was that first found the body? And what sort of difficulty they had in making their way into the gymnasium?"

"The door was locked, and the key fixed on the inside. We had to take the lock off. I was one of the party myself. The police, of course, had charge of things; but the Indians had called me in as well, the moment they got the idea that something was wrong."

"Really? Now, that's very instructive. It shows how criminals always overdo these things. You or I, if a friend locked himself up and didn't appear for ten days, would shout through the keyhole and then send for a locksmith. Whereas these gentlemen sent off at once for a doctor and the police, as if they knew that both would be wanted. That's the worst of thinking that you've covered your tracks."

"My dear Bredon, we're still taking your word for it that it is murder. If it is, I should say the murderers covered their tracks quite remarkably well. It looks to me the clearest possible case of lunacy and suicide."

"You're wrong there. Did you notice that there was a writing-tablet and a pencil by the side of the bed? Now, what madman ever resisted the temptation to scrawl something on any odd piece of paper he came across? Especially if he thought he was being starved, or poisoned. That applies, too, if he were really making some fasting experiment; he would have left us a last message. And what did you make of the way the bedclothes were piled on and round the bed? Nobody, mad or sane, wants to get out of bed that way."

bringen, damit es so aussieht, als habe er sich freiwillig zu Tode gehungert. Aber für beides müsste man Zugang zu dem Gebäude haben. Wissen Sie zufällig, Dr. Mayhew, wer die Leiche entdeckte? Und welche Schwierigkeiten es gab, in die Turnhalle hineinzugelangen?»

«Die Tür war abgeschlossen, und der Schlüssel steckte innen. Wir mussten das Schloss entfernen. Ich war selbst dabei. Natürlich leitete die Polizei das Ganze, aber die Inder hatten auch mich benachrichtigt, sobald ihnen der Verdacht kam, es könnte etwas passiert sein.»

«Tatsächlich? Das ist sehr aufschlussreich. Man sieht daran, dass Verbrecher immer zu weit gehen. Wenn ein Freund sich zehn Tage lang einschließt und nicht herauskommt, dann würden Sie und ich doch erst einmal durchs Schlüsselloch rufen und dann einen Schlosser kommen lassen. Diese Herren dagegen haben sofort einen Arzt und die Polizei gerufen, so als wüssten sie schon, dass beide benötigt werden. So sollte man es nicht machen, wenn man seine Spuren verwischen will.»

«Mein lieber Bredon, Sie reden immer noch so, als wäre es wirklich Mord gewesen. Ich muss sagen, wenn das stimmt, dann haben die Mörder ihre Spuren aber sehr gut verwischt. Für mich sieht es eindeutig nach geistiger Verwirrung und Selbstmord aus.»

«Da irren Sie sich. Haben Sie nicht bemerkt, dass sich neben dem Bett Schreibblock und Bleistift befinden? Welcher Verrückte hätte aber je der Versuchung widerstanden, etwas auf ein Blatt Papier zu schreiben, das ihm in die Finger kam? Besonders dann, wenn er glaubt, man wolle ihn verhungern lassen oder vergiften. Das gilt auch für den Fall eines experimentellen Fastens, denn dann hätte er uns eine letzte Botschaft hinterlassen. Und wie erklären Sie sich die Art, in der die Bettwäsche auf und neben dem Bett verstreut liegt? So verlässt niemand sein Bett, ob verrückt oder normal.»

"Well, tell us all about it if you must. You may be mad or I may be mad, but I see no reason why either of us should starve, and we are keeping Dr Mayhew from his lunch.

"Well, the outlines of the thing are simple. Jervison had picked up these rogues somewhere in America, and they were no more mystics than you or I are; they could talk the patter; that's all. They knew he was rich, and they stuck to him because they saw there was money to be made out of him. When they found he had made the Brotherhood his heirs, there remained nothing except to eliminate him; they went over the plan of the ground, and determined to make the fullest use of the weapons that lay ready to hand. Always a mistake to bring in weapons from outside; study your man's habits, and kill him along his own lines, so to speak. All they had to do was to encourage him in making these fool experiments, and to supply him with some ordinary kind of sleeping-draught which pretended to have a magical effect; probably it was they who suggested his retiring to the gymnasium, where he could be quiet, and they who insisted on wheeling his bed out into the middle of the room, telling him that he ought to catch the noonday sun, or some nonsense of that kind. Who ever heard of a man wanting to have his bed out in the middle of the room? It's human nature to want it next to the wall, though why, I've no idea."

"And then?"

"They waited, that night, till the sleeping-draught had taken its full effect; waited till it was early dawn, and they could see what was happening without being noticed by inquisitive neighbours. They tied ladders together, or more prob-

«Wenn es sein muss, sagen Sie uns, wie es war. Vielleicht sind Sie verrückt, vielleicht bin ich es, aber ich sehe nicht ein, warum einer von uns verhungern sollte, und wir halten Dr. Mayhew von seinem Mittagessen ab.»

«Nun, die groben Umrisse des Falles sind klar. Jervison hat diese Ganoven irgendwo in Amerika aufgegabelt, und sie waren genau so wenig Esoteriker wie Sie und ich. Sie beherrschten einfach den Jargon, das war alles. Sie wussten, dass er reich war, und sie hängten sich an ihn, weil sie merkten, dass da Geld zu holen war. Als sie erfuhren, dass er die Bruderschaft zu seinem Erben machen wollte, blieb nichts weiter zu tun, als ihn zu beseitigen. Sie sahen sich auf dem Grundstück genau um und beschlossen, als Waffe nur das zu benutzen, was schon vorhanden war. Waffen von außen zu beschaffen, ist immer ein Fehler. Man könnte auch sagen, beobachte deinen Mann genau und töte ihn mit seinen eigenen Mitteln. Sie mussten ihn nur darin bestärken, diese verrückten Versuche zu machen, und ihm ein einfaches Schlafmittel geben, das angeblich eine magische Wirkung hatte. Vermutlich waren sie es auch, die ihm rieten, sich in die Turnhalle zurückzuziehen, wo er ungestört wäre, und die darauf bestanden, sein Bett in die Mitte der Halle zu rollen, indem sie ihm einredeten, dass er die Mittagssonne abbekommen solle – oder irgendeinen derartigen Unsinn. Hat man je gehört, dass ein Mensch sein Bett mitten im Zimmer haben will? Unser natürliches Gefühl sagt uns, dass ein Bett an der Wand stehen sollte, obwohl ich keine Ahnung habe, warum das so ist.»

«Und dann?»

«Die Männer warteten in dieser Nacht, bis das Schlafmittel wirkte; sie warteten bis zum Morgengrauen, um genug sehen zu können, ohne aber von neugierigen Nachbarn bemerkt zu werden. Dann banden sie ein paar Leitern zusammen oder benutzten, was wahrscheinlicher ist, die

ably used that horizontal ladder, stretched out into a straight line, and climbed up on to the roof. All they took with them was ropes – the four ropes that used to hang from those hooks in the ceiling. They still had iron hooks on them; I dare say they tied handkerchiefs round the hooks to prevent any noise. Through the skylight, they could look down on the sleeping man; between the iron slats they could let down the four ropes. The hooks acted as grapnels, and it did not take much fishing before they hooked the iron rails at the head and foot of the bed. Very quietly, very evenly, they pulled up the ropes; it was like a profane and ghastly parody of a scene you may remember in the Gospels. And still poor Jervison slept on, under the influence of his drug; dreaming, perhaps, that he was being levitated, and had at last got rid of the burden of the flesh. He nearly had.

"He slept on, and when he woke, he was hung up forty feet in the air, still in his bed. The bed-clothes had been removed; it would not do to let him have a chance of climbing down. He hung there for over a week; and if his cries reached the outside world at all, they only reached the ears of four pitiless men, his murderers. Perhaps a braver man would have jumped for it, and preferred to end his life that way. But Jervison, you told me yourself, Simmonds, was a coward about heights; he couldn't jump."

"And if he had?"

"He would have been found dead, either from his fall or from its effects. And the Indians would have told us, gravely enough, that the prophet must have been making an experiment in levitation, or something of that kind. As it was, all they

aufgeklappte Sprossenleiter, um auf das Dach zu klettern. Dabei nahmen sie nichts weiter mit als Seile – die vier Kletterseile, die früher an Haken von der Decke hingen. Diese Eisenhaken waren noch an den Seilen befestigt, und ich vermute, dass sie Taschentücher darumgewickelt haben, um kein Geräusch zu machen. Durch das Oberlicht konnten sie den Schlafenden beobachten, und zwischen den Gitterstäben ließen sie die Seile herab. Die Haken wirkten wie die an einer Angel, und sie mussten nicht lange herumfischen, bis sie das Kopf- und Fußende des Bettgestells an den Eisenhaken hatten. Ganz leise und vorsichtig zogen sie die Seile hinauf. Das Ganze war die unfromme schreckliche Parodie einer Szene aus dem Neuen Testament, an die Sie sich vielleicht erinnern. Der betäubte Jervison schlief währenddessen weiter, und im Traum glaubte der Ärmste vielleicht, seine Seele fliege davon und habe sich endlich von der Bürde seines Leibes befreit. So war es ja auch beinahe.

Er schlief also weiter, und als er aufwachte, lag er zwar noch im Bett, aber in zwölf Meter Höhe. Alle Bettwäsche war entfernt worden: es sollte ihm keinerlei Möglichkeit bleiben, sich abzuseilen. Dort hing er nun mehr als eine Woche lang, und wenn seine Rufe überhaupt nach außen drangen, dann nur an die Ohren von vier hartgesottenen Männern, seinen Mördern. Ein mutigerer Mann hätte vielleicht den Sprung gewagt, um so seinem Leben ein Ende zu machen. Aber Jervison – das sagten Sie selber, Simmonds – hatte Höhenangst, er konnte einfach nicht springen.»

«Und wenn er es doch getan hätte?»

«Dann hätte man ihn tot gefunden, entweder auf Grund des Sturzes oder seiner Folgen. Und die Inder hätten uns mit ernster Miene erzählt, der Prophet müsse wohl versucht haben zu fliegen, oder irgendwas in dieser Art. So aber brauchten sie nur zurückzugehen, als alles

had to do was to come back when all was safely over, to let down the ropes again, to throw his bed-clothes in through the slats, falling where they would, and to take their ropes and ladder down again the way they had come. Only, as was natural, they did not bother to pay out the ropes quite evenly this time, and the bed came down in the wrong place, about two inches from where it had stood originally. So that it didn't fit in with the tracks across the oil-cloth; and it was that, somehow, which gave me a notion of what had happened. The bed, evidently, had been lifted; and you do not lift a wheeled bed unless you have a special purpose to be served, as these devils had. Jervison was a fool, but I hate to think of the way he died, and I am going to do my best to see these four fellows hanged. If I had my way with them, I would spare them the drop."

vorbei war, die Seile wieder herunterzulassen, das Bettzeug durch die Gitter zu werfen, so dass es überall herumlag, und Seile und Leiter zurückzubringen, woher sie gekommen waren. Nur haben sie sich diesmal verständlicherweise nicht die Mühe gemacht, die Seile ganz gleichmäßig herunterzulassen, so dass das Bett an der falschen Stelle aufsetzte, etwa drei Finger breit neben seinem früheren Standort. Das stimmte nicht mit den Spuren auf dem Linoleum überein, und irgendwie hat mich das darauf gebracht, was hier vorgefallen sein muss. Das Bett war offensichtlich angehoben worden, aber man hebt kein Bett, das Räder hat, ohne triftigen Grund, und den hatten diese Schurken. Jervison war ein Narr, aber mich schaudert bei dem Gedanken, wie er gestorben ist, und ich werde alles dafür tun, dass diese vier Kerle gehängt werden. Und zwar würde ich, wenn ich es zu machen hätte, das Urteil ganz langsam vollstrecken.»

"Buzz off, Flathers," said the young man in flannels. "We're thrilled by your news, but we don't want your religious opinions. And, for the Lord's sake, stop talking about 'undergrads', like a ruddy commercial traveller. Hop it!"

The person addressed, a pimply youth in a commoner's gown, bleated a little, but withdrew from the table, intimidated.

"Appalling little tick," commented the young man in flannels to his companion. "He's on my staircase, too. Thank Heaven, I move out next term. I suppose it's true about the Master? Poor old blighter – I'm quite sorry I cut his lecture. Have some more coffee?"

"No, thanks, Radcott. I must be pushing off in a minute. It's getting too near lunch-time."

Mr Montague Egg, seated at the next small table, had pricked up his ears. He now turned, with an apologetic cough, to the young man called Radcott.

"Excuse me, sir," he said, with some diffidence. "I didn't intend to overhear what you gentlemen were saying, but might I ask a question?" Emboldened by Radcott's expression, which, though surprised, was frank and friendly, he went on: "I happen to be a commercial traveller – Egg is my name, Montague Egg, representing Plummet & Rose, wines and spirits, Piccadilly. Might I ask what is wrong with saying 'undergrads'? Is the expression offensive in any way?"

Mr Radcott blushed a fiery red to the roots of his flaxen hair:

"I'm frightfully sorry," he said ingenuously,

Dorothy L. Sayers: Mord im College

« Verschwinde, Flathers », sagte der junge Mann mit den Flanellhosen. « Deine Neuigkeiten sind ja großartig, aber an deinen religiösen Überzeugungen liegt uns nichts. Und hör um Himmels willen auf, dauernd ‹ Studiosi › zu sagen wie ein dämlicher Handelsvertreter. Hau ab! »

Der so Angesprochene, ein pickliger Jüngling im Talar eines einfachen Studenten, blökte ein wenig, zog sich dann aber eingeschüchtert vom Tisch zurück.

« Grässliche Wanze », bemerkte der junge Flanellhosenträger zu seinem Nachbarn. « Er wohnt auch noch bei mir nebenan. Zum Glück ziehe ich im nächsten Trimester aus. Ich nehme an, dass die Sache mit dem Rektor stimmt? Der arme Sack – tut mir richtig leid, dass ich seine Vorlesung geschwänzt habe. Noch etwas Kaffee? »

« Nein, danke, Radcott. Ich muss gleich los. Es ist schon fast Mittag. »

Mr. Montague Egg, der an einem kleinen Tisch in der Nähe saß, hatte aufmerksam gelauscht. Er wandte sich jetzt, höflich hüstelnd, nach dem jungen Mann namens Radcott um.

« Verzeihung, Sir », sagte er vorsichtig. « Es war nicht meine Absicht, das Gespräch der beiden Gentlemen zu belauschen, aber dürfte ich eine Frage an Sie richten? » Ermutigt durch Radcotts Miene, die zwar erstaunt, aber offen und freundlich wirkte, fuhr er fort: « Ich bin zufällig Handelsvertreter – mein Name ist Egg, Montague Egg, Vertreter der Firma Plummet & Rose, Weine und Spirituosen, Piccadilly. Darf ich fragen, was an dem Ausdruck ‹ Studiosi › auszusetzen ist? Ist der Gebrauch dieses Wortes irgendwie anstößig? »

Mr. Radcott lief bis unter die Wurzeln seines flachsblonden Haars feuerrot an.

« Tut mir schrecklich leid », sagte er aufrichtig und sah

and suddenly looking extremely young. "Damn stupid thing of me to say. Beastly brick."

"Don't mention it, I'm sure," said Monty.

"Didn't mean anything personal. Only, that chap Flathers gets my goat. He ought to know that nobody says 'undergrads' except townees and journalists and people outside the university."

"What ought we to say? 'Undergraduates'?"

"'Undergraduates' is correct."

"I'm very much obliged," said Monty. "Always willing to learn. It's easy to make a mistake in a thing like that, and, of course, it prejudices the customer against one. The *Salesman's Handbook* doesn't give any guidance about it; I shall have to make a memo for myself. Let me see. How would this do? 'To call an Oxford gent an – '"

"I think I should say 'Oxford man' – it's the more technical form of expression."

"Oh, yes. 'To call an Oxford man an undergrad proclaims you an outsider and a cad.' That's very easy to remember."

"You seem to have a turn for this kind of thing," said Radcott, amused.

"Well, I think perhaps I have," admitted Monty, with a touch of pride. "Would the same thing apply at Cambridge?"

"Certainly," replied Radcott's companion. "And you might add that 'To call the university the 'varsity is out of date, if not precisely narsity.' I apologize for the rhyme. 'Varsity has somehow a flavour of the 'nineties."

"So has the port I'm recommending," said Mr Egg brightly. "Still, one's sales-talk must be up to date, naturally; and smart, though not vulgar. In the wine and spirit trade we make refinement our

plötzlich sehr jung aus. «Hätte das nicht sagen sollen. War dumm von mir.»

«Ach, nicht der Rede wert», sagte Monty.

«War nicht persönlich gemeint. Aber dieser Flathers nervt mich. Er müsste eigentlich wissen, dass niemand ‹Studiosi› sagt außer denen in der Stadt und Journalisten und Leuten, die nicht zur Uni gehören.»

«Und wie sollten wir sagen? ‹Studenten›?»

«‹Studenten› ist richtig.»

«Ich bin Ihnen sehr zu Dank verpflichtet», sagte Monty. «Lerne gern was dazu. Bei so einer Sache macht man leicht mal einen Fehler, und das nimmt einem der Kunde dann natürlich übel. Das ‹Handbuch für Vertreter› ist einem da keine Hilfe; ich werde mir einen Vermerk machen. Also – wie wär's damit? ‹Einen jungen Herrn aus Oxford...›»

«Ich würde lieber ‹Oxford-Mann› sagen. Das ist der passendere Ausdruck.»

«Ah ja. ‹Einen Oxford-Mann nennt nur Studiosus / wer ungebild't und ahnungslos is.› Das lässt sich leicht merken.»

«Sie scheinen für so was eine Ader zu haben», sagte Radcott lächelnd.

«Na ja, das stimmt vielleicht», gab Monty mit einem Anflug von Stolz zu. «Gilt dasselbe auch für Cambridge?»

«Ganz sicher», antwortete Radcotts Nachbar. «Und Sie können noch dazuschreiben: Die Universität als ‹Unität› zu bezeichnen, ist altmodisch, fast schon eine Dummität. Entschuldigen Sie den Kalauer. ‹Unität› schmeckt irgendwie nach den Neunzigern.»

«Wie der Portwein, den ich gern empfehle», sagte Egg strahlend. «Jedenfalls muss man im Verkaufsgespräch immer die Nase im Wind haben und zeitgemäß sein, aber nie vulgär. Im Wein- und Spirituosenhandel legen wir auf den richtigen Ton großen Wert. Ich bin Ihnen wirklich

aim. I am really much obliged to you, gentlemen, for your help. This is my first visit to Oxford. Could you tell me where to find Pentecost College? I have a letter of introduction to a gentleman there."

"Pentecost?" said Radcott. "I don't think I'd start there, if I were you."

"No?" said Mr Egg, suspecting some obscure point of university etiquette. "Why not?"

"Because," replied Radcott surprisingly, "I understand from the regrettable Flathers that some public benefactor has just murdered the Master, and in the circumstances I doubt whether the Bursar will be able to give proper attention to the merits of rival vintages."

"Murdered the Master?" echoed Mr Egg.

"Socked him one – literally, I am told, with a brickbat enclosed in a Woolworth sock – as he was returning to his house from delivering his too-well-known lecture on Plato's use of the Enclitics. The whole school of *Literæ Humaniores* will naturally be under suspicion; but, personally, I believe Flathers did it himself. You may have heard him informing us that judgement overtakes the evil-doer, and inviting us to a meeting for prayer and repentance in the South Lecture-Room. Such men are dangerous."

"Was the Master of Pentecost an evil-doer?"

"He has written several learned works disproving the existence of Providence, and I must say that I, in common with the whole Pentecostal community, have always looked on him as one of Nature's worst mistakes. Still, to slay him more or less on his own doorstep seems to me to be in poor taste. It will upset the exami-

sehr zu Dank verpflichtet, Gentlemen, für Ihre Hilfe. Das ist mein erster Besuch in Oxford. Können Sie mir sagen, wo ich das Pentecost College finde? Ich bin dort einem Gentleman empfohlen worden.»

«Pentecost?» sagte Radcott. «An Ihrer Stelle würde ich nicht gerade dort anfangen.»

«Nein?» fragte Mr. Egg, der argwöhnte, es handle sich um eine wenig bekannte Regel universitärer Etikette. «Und warum nicht?»

«Weil», antwortete Radcott zu seiner Überraschung, «ich von dem beklagenswerten Flathers erfahren habe, dass ein Wohltäter der Allgemeinheit dort gerade den Rektor ermordet hat, und unter diesen Umständen bezweifle ich, dass der Quästor im Stande sein wird, den jeweiligen Vorzügen verschiedener Jahrgänge seine volle Aufmerksamkeit zu schenken.»

«Den Rektor ermordet?» wiederholte Mr. Egg.

«Hat ihm ein Ding verpasst – mit einem halben Backstein, der in einer Socke von Woolworth steckte – als er nach seiner sattsam bekannten Vorlesung über Platons Gebrauch von Enklitika auf dem Heimweg war. Jetzt wird man natürlich sämtliche Studenten der Literæ Humaniores verdächtigen, aber ich selbst glaube, dass Flathers es getan hat. Sie haben vielleicht gehört, wie er zu uns sagte, jeden Sünder ereile seine Strafe, und wie er uns zu einer Versammlung im südlichen Hörsaal einlud, um zu beten und Buße zu tun. Solche Menschen sind gefährlich.»

«War der Rektor von Pentecost denn ein Sünder?»

«Er hat mehrere gelehrte Werke verfasst, in denen er beweist, dass es keine Vorsehung gibt, und ich muss sagen, dass ich wie alle anderen in Pentecost ihn schon immer für einen der größten Irrtümer der Natur gehalten habe. Trotzdem finde ich es unschön, ihn mehr oder weniger auf seiner Türschwelle niederzustrecken. Die Examenskandidaten, denen nächste Woche das Stündlein schlägt, werden sich

nation candidates, who face their ordeal next week. And it will mean cancelling the Commem. Ball. Besides, the police have been called in, and are certain to annoy the Senior Common Room by walking on the grass in the quad. However, what's done cannot be undone. Let us pass to a pleasanter subject. I understand that you have some port to dispose of. I, on the other hand, have recently suffered bereavement at the hands of a bunch of rowing hearties, who invaded my rooms the other night and poured my last dozen of Cockburn '04 down their leathery and undiscriminating throttles. If you care to stroll round with me to Pentecost, Mr Egg, bringing your literature with you, we might be able to do business."

Mr Egg expressed himself as delighted to accept Radcott's invitation, and was soon trotting along the Cornmarket at his conductor's athletic heels. At the corner of Broad Street the second undergraduate left them, while they turned on, past Balliol and Trinity, asleep in the June sunshine, and presently reached the main entrance of Pentecost.

Just as they did so, a small, elderly man, wearing a light overcoat and carrying an MA gown over his arm, came ambling short-sightedly across the street from the direction of the Bodleian Library. A passing car just missed whirling him into eternity, as Radcott stretched out a long arm and raked him into safety on the pavement.

"Look out, Mr Temple," said Radcott. "We shall be having *you* murdered next.»

"Murdered?" queried Mr Temple, blinking. "Oh, you refer to the motor-car. But I saw it coming. I saw it quite distinctly. Yes, yes. But why 'next'? Has anybody else been murdered?"

jetzt aufregen. Und es bedeutet, dass der Universitätsball abgesagt wird. Außerdem ist die Polizei eingeschaltet worden und wird sich den Zorn der Professoren zuziehen, wenn die Beamten über die Rasen-Rabatten laufen. Aber das ist nun nicht mehr zu ändern. Reden wir von etwas Angenehmeren. Wenn ich Sie richtig verstehe, möchten Sie Ihren Portwein loswerden. Ich meinerseits habe vor kurzem schwere Verluste zugefügt bekommen vonseiten einer Horde muskulöser Ruderer, die eines Abends in mein Zimmer einfielen und sich das letzte Dutzend meines Cockburn '04 in die rauhen, unkultivierten Hälse gossen. Wenn Sie mit mir einen Bummel zum College machen und Ihre Unterlagen mitnehmen wollen, Mr. Egg, kommen wir vielleicht ins Geschäft.»

Mr. Egg zeigte sich erfreut, Radcotts Einladung anzunehmen, und folgte schon wenig später seinem sportlichen Führer dicht auf den Fersen über den Cornmarket. An der Ecke zur Broad Street verabschiedete sich der andere Student, während sie, vorbei an Balliol und Trinity College, weitergingen und kurz darauf den Haupteingang zum Pentecost College erreichten.

Gerade in diesem Augenblick kam ein kleiner älterer Mann in einem leichten Mantel, den Talar eines Magister Artium über dem Arm, offenbar kurzsichtig aus Richtung der Universitätsbibliothek über die Straße geschlendert. Um ein Haar hätte ihn ein vorbeifahrendes Auto in die Ewigkeit befördert, wenn Radcott nicht mit ausgestrecktem Arm zugesprungen wäre und ihn auf den sicheren Bürgersteig gezogen hätte.

«Passen Sie auf, Mr. Temple», sagte Radcott, «sonst sind Sie der nächste, der ermordet wird.»

«Ermordet?» fragte Mr. Temple blinzelnd. «Ach so, Sie meinen das Auto. Aber ich habe es doch kommen sehen. Ich sah es ganz deutlich. Doch, doch. Aber wieso ‹der nächste›? Ist denn schon jemand ermordet worden?»

"Only the Master of Pentecost," said Radcott, pinching Mr Egg's arm.

"The Master? Dr Greeby? You don't say so! Murdered? Dear me! Poor Greeby! This will upset my whole day's work." His pale-blue eyes shifted, and a curious, wavering look came into them. "Justice is slow but sure. Yes, yes. The sword of the Lord and of Gideon. But the blood – that is always so disconcerting, is it not? And yet, I washed my hands, you know." He stretched out both hands and looked at them in a puzzled way. "Ah, yes – poor Greeby has paid the price of his sins. Excuse my running away from you – I have urgent business at the police-station."

"If," said Mr Radcott, again pinching Monty's arm, "you want to give yourself up for the murder, Mr Temple, you had better come along with us. The police are bound to be about the place somewhere."

"Oh, yes, of course, so they are. Yes. Very thoughtful of you. That will save me a great deal of time, and I have an important chapter to finish. A beautiful day, is it not, Mr – I fear I do not know your name. Or do I? I am growing sadly forgetful."

Radcott mentioned his name, and the oddly assorted trio turned together towards the main entrance to the college. The great gate was shut; at the postern stood the porter, and at his side a massive figure in blue, who demanded their names.

Radcott, having been duly identified by the porter, produced Monty and his credentials.

"And this," he went on, is, of course, Mr Temple. You know him. He is looking for your Superintendent."

«Nur der Rektor von Pentecost», sagte Radcott und zwickte Mr. Egg in den Arm.

«Der Rektor? Dr. Greeby? Was Sie nicht sagen! Ermordet? Herrje! Der arme Greeby! Jetzt werde ich den ganzen Tag nichts mehr arbeiten können.» Seine blassblauen Augen wanderten mit einem sonderbar unsteten Blick zur Seite. «Die Mühlen der Gerechtigkeit mahlen langsam, aber stetig. Ja, ja. Das Schwert des Herrn und des Gideon. Aber das Blut… das ist immer so unerfreulich, nicht wahr? Aber ich wasche meine Hände in Unschuld.» Er streckte beide Hände aus und betrachtete sie verwundert. «Ja, ja, der arme Greeby hat für seine Sünden bezahlt. Verzeihen Sie, wenn ich einfach davonlaufe – ich muss dringend zur Polizeiwache.»

«Wenn Sie», sagte Mr. Radcott und kniff Monty erneut in den Arm, «wenn Sie sich wegen des Mordes stellen wollen, Mr. Temple, dann kommen Sie am besten mit uns. Die Polizei ist ganz bestimmt irgendwo auf dem Gelände.»

«Ach ja, natürlich, die sind sicherlich da. Ja. Sehr aufmerksam von Ihnen. Das spart mir viel Zeit, und ich muss noch ein wichtiges Kapitel zu Ende schreiben. Schönes Wetter, finden Sie nicht, Mr… leider kenne ich Ihren Namen nicht. Oder doch? Ich werde furchtbar vergesslich.»

Radcott nannte seinen Namen, und das seltsame Kleeblatt ging gemeinsam auf den Haupteingang des College zu. Das große Portal war geschlossen; am Seiteneingang stand ein Pförtner und neben ihm eine massige, blau gekleidete Gestalt, die nach ihren Namen verlangte.

Nachdem der Pförtner Radcotts Identität bestätigt hatte, stellte Radcott dem Polizisten Monty vor, mit dessen voller Berufsbezeichnung.

«Und dies hier», fuhr er fort, «ist natürlich Mr. Temple. Sie kennen ihn ja. Er sucht Ihren Kommissar.»

"Right you are, sir," replied the policeman. "You'll find him in the cloisters... At his old game; I suppose?" he added, as the small figure of Mr Temple shuffled away across the sun-baked expanse of the quad.

"Oh, yes," said Radcott. "He was on to it like a shot. Must be quite exciting for the old bird to have a murder so near home. Where was his last?"

"Lincoln, sir; last Tuesday. Young fellow shot his young woman in the Cathedral. Mr Temple was down at the station the next day, just before lunch, explaining that he'd done it because the poor girl was the Scarlet Woman."

"Mr Temple," said Radcott, "has a mission in life. He is the sword of the Lord and of Gideon. Every time a murder is committed in this country, Mr Temple lays claim to it. It is true that his body can always be shown to have been quietly in bed or at the Bodleian while the dirty work was afoot, but to an idealistic philosopher that need present no difficulty. But what is all this about the Master, actually?"

"Well, sir, you know that little entry between the cloisters and the Master's residence? At twenty minutes past ten this morning, Dr Greeby was found lying dead there, with his lecture-notes scattered all round him and a brickbat in a woollen sock lying beside his head. He'd been lecturing in a room in the Main Quadrangle at nine o'clock, and was, as far as we can tell, the last to leave the lecture-room. A party of American ladies and gentlemen passed through the cloisters a little after 10 o'clock, and they have been found, and say there was nobody about there then, so far as they could see – but, of course, sir, the murderer might have

«Jawohl, Sir», erwiderte der Polizist. «Sie finden ihn im Kreuzgang. – Treibt wohl wieder sein altes Spiel?» setzte er dann hinzu, als die kleine Gestalt des Mr. Temple über den sonnig heißen Innenhof davonschlurfte.

«Und ob!» bestätigte Radcott. «Hat sich richtig daraufgestürzt. Muss für den alten Knaben wunderbar sein, einen Mordfall gleich vor der Tür zu haben. Wo war sein letzter?»

«Lincoln, Sir, vorigen Dienstag. Ein junger Mann erschoss sein Mädchen in der Kathedrale. Mr. Temple kam gleich am nächsten Tag aufs Revier und behauptete, er habe es getan, weil das arme Ding die Scharlachrote Hure gewesen sei.»

«Mr. Temple», sagte Radcott, «hat eine Lebensaufgabe zu erfüllen. Er ist das Schwert des Herrn und des Gideon. Immer wenn in diesem Land ein Mord geschieht, übernimmt Mr. Temple die Verantwortung. Es lässt sich zwar jedesmal beweisen, dass er friedlich im Bett lag oder in der Bibliothek saß, als das Böse seinen Lauf nahm, aber für jemanden, der die Philosophie des Idealismus lehrt, ist das kein Problem. Aber was ist denn eigentlich mit dem Rektor geschehen?»

«Nun, Sir, Sie kennen doch den kleinen Durchgang zwischen dem Kreuzgang und der Wohnung des Rektors? Heute früh um zwanzig nach zehn wurde Dr. Greeby dort tot aufgefunden. Seine Vorlesungsnotizen waren überall verstreut, und neben seinem Kopf lag ein halber Backstein in einem wollenen Socken. Er hatte um neun Uhr in einem Raum im Hauptgebäude eine Vorlesung gehalten und war, soweit wir wissen, der letzte, der den Hörsaal verließ. Eine Gruppe von amerikanischen Damen und Herren befand sich kurz nach zehn im Kreuzgang; man hat sie ausfindig gemacht, und sie sagen, soviel sie wüssten, sei da sonst niemand gewesen – aber, Sir, der Mörder kann sich natürlich an der Tür aufgehalten haben, und

been hanging about the entry, because, naturally, they wouldn't go that way but through Boniface Passage to the Inner Quad and the chapel. One of the young gentlemen says he saw the Master cross the Main Quad on his way to the cloisters at 10.5, so he'd reach the entry in about two minutes after that. The Regius Professor of Morphology came along at 10.20, and found the body, and when the doctor arrived, five minutes later, he said Dr Greeby must have been dead about a quarter of an hour. So that puts it somewhere round about 10.10, you see, sir."

"When did these Americans leave the chapel?"

"Ah, there you are, sir!" replied the constable. He seemed very ready to talk, thought Mr Egg, and deduced, rightly, that Mr Radcott was well and favourably known to the Oxford branch of the Force. "If that there party had come back through the cloisters, they might have been able to tell us something. But they didn't. They went on through the Inner Quad into the garden, and the verger didn't leave the chapel, on account of a lady who had just arrived and wanted to look at the carving on the reredos."

"And did the lady also come through the cloisters?"

"She did, sir, and she's the person we want to find, because it seems as though she must have passed through the cloisters very close to the time of the murder. She came into the chapel just on 10.15, because the verger recollected of the clock chiming a few minutes after she came in and her mentioning how sweet the notes was. You see the lady come in, didn't you, Mr Dabbs?"

von dort sind sie ja nicht gekommen, sondern durch die Boniface-Passage und dann durch den Innenhof und die Kapelle. Einer der jungen Herren sagt, er habe gesehen, wie der Rektor um fünf Minuten nach zehn über den Großen Hof in Richtung Kreuzgang lief, so dass er die Tür etwa zwei Minuten später erreicht haben muss. Der Regius-Professor für Morphologie kam um zwanzig nach zehn vorbei und entdeckte die Leiche, und der Arzt, der fünf Minuten später eintraf, sagte, Dr. Greeby sei vor etwa einer Viertelstunde gestorben. Und damit war die Tatzeit ungefähr zehn Minuten nach zehn, Sir.»

«Wann haben denn diese Amerikaner die Kapelle verlassen?»

«Ah, das ist es ja gerade, Sir!» antwortete der Wachtmeister. Er schien sehr mitteilsam zu sein, dachte Mr. Egg und führte das mit Recht darauf zurück, dass Mr. Radcott bei der Oxforder Polizei im besten Sinne gut bekannt war. «Wenn diese Gruppe durch den Kreuzgang zurückgekommen wäre, hätten sie uns vielleicht was sagen können, aber sie kamen nicht diesen Weg. Sie gingen weiter durch den Innenhof und in den Garten, und der Küster hat die Kapelle nicht verlassen, weil da eine gerade eine Dame gekommen war, die sich die Schnitzereien am Altar ansehen wollte.»

«Und ist diese Dame ebenfalls durch den Kreuzgang gegangen?»

«Ja, Sir, und wir möchten die Dame unbedingt finden, denn es sieht so aus, als wäre sie ziemlich genau zur Tatzeit auf dem Weg durch den Kreuzgang gewesen. Als sie die Kapelle betrat, war es kurz vor Viertel nach zehn, denn der Küster erinnert sich, dass ein paar Minuten nach ihrem Eintreten die Uhr geschlagen hat und dass sie noch sagte, wie hübsch der Klang sei. Sie selber haben die Dame doch reinkommen sehen, nicht wahr, Mr. Dabbs?»

"I saw *a* lady," replied the porter, "but then I see a lot of ladies one way and another. This one came across from the Bodleian round about 10 o'clock. Elderly lady, she was, dressed kind of old-fashioned, with her skirts round her heels and one of them hats like a rook's nest and a bit of elastic round the back. Looked like she might be a female don – leastways, the way female dons used to look. And she had the twitches – you know – jerked her head a bit. You get hundreds like 'em. They goes to sit in the cloisters and listen to the fountain and the little birds. But as to noticing a corpse or a murderer, it's my belief they wouldn't know such a thing if they saw it. I didn't see the lady again, so she must have gone out through the garden."

"Very likely," said Radcott. "May Mr Egg and I go in through the cloisters, officer? Because it's the only way to my rooms, unless we go round by St Scholastica's Gate."

"All the other gates are locked, sir. You go on and speak to the Super; he'll let you through. You'll find him in the cloisters with Professor Staines and Dr Moyle."

"Bodley's Librarian? What's he got to do with it?"

"They think he may know the lady, sir, if she's a Bodley reader."

"Oh, I see. Come along, Mr Egg."

Radcott led the way across the Main Quadrangle and through a dark little passage at one corner, into the cool shade of the cloisters. Framed by the arcades of ancient stone, the green lawn drowsed tranquilly in the noonday heat. There was no sound but the echo of their own footsteps, the plash and tinkle of the little fountain and the

«Ich hab *eine* Dame gesehen», erwiderte der Pförtner, «denn ich sehe ja im Lauf des Tages viele Damen. Diese kam ungefähr um zehn von der Bibliothek herüber. War 'ne ältere Dame, ein bisschen altmodisch angezogen, Rock bis zu den Füßen und 'n Hut wie 'n Krähennest und hinten dran 'n Gummiband. Sah als, als wäre sie 'ne Dozentin – wenigstens haben die früher so ausgesehen. Und sie hatte das Zucken, Sie wissen schon: zuckte so'n bisschen mit dem Kopf. Davon gibt's Hunderte. Die setzen sich in den Kreuzgang und lauschen dem Springbrunnen und den Vögelchen. Aber wenn's darum geht, 'ne Leiche oder 'n Mörder zu bemerken, die würden so was nicht sehen, wenn sie davor stünden, da bin ich ganz sicher. Ich hab diese Dame nicht mehr gesehen, sie wird wohl durch den Garten nach draußen gegangen sein.»

«Sehr wahrscheinlich», sagte Radcott. «Darf ich mit Mr. Egg durch den Kreuzgang hineingehen? Das ist nämlich der einzige Weg zu meiner Wohnung, außer wir machen den Umweg über das St. Scholastica-Tor.»

«Alle anderen Tore sind abgeschlossen, Sir. Gehen Sie nur rein und sprechen Sie mit dem Kommissar, der wird Sie durchlassen. Sie finden ihn im Kreuzgang, bei Professor Staines und Dr. Moyle.»

«Dem Universitätsbibliothekar? Was hat der denn damit zu tun?»

«Sie denken, dass er die Dame vielleicht kennt, Sir, falls sie die Bibliothek benutzt.»

«Ah, ich verstehe. Kommen Sie, Mr. Egg.»

Radcott führte ihn über den Großen Hof und von dort durch eine dunkle, enge Passage in den schattigen, kühlen Kreuzgang. Der grüne Rasen, eingerahmt von Arkaden aus verwittertem Stein, lag schläfrig in der Mittagshitze. Während sie abwechselnd durch Licht und Schatten auf dem steinernen Boden dahingingen, war kein Geräusch zu hören außer dem Echo ihrer eigenen Schritte, dem hellen

subdued chirping of chaffinches, as they paced the alternate sunshine and shadow of the pavement. About midway along the north side of the cloisters they came upon another dim little covered passageway, at the entrance to which a police-sergeant was kneeling, examining the ground with the aid of an electric torch.

"Hullo, sergeant!" said Radcott. "Doing the Sherlock Holmes stunt? Show us the blood-stained footprints."

"No blood, sir, unfortunately. Might make our job easier if there were. And no footprints neither. The poor gentleman was sandbagged, and we think the murderer must have climbed up here to do it, for the deceased was a tall gentleman and he was hit right on the top of the head, sir." The sergeant indicated a little niche, like a blocked-up window, about four feet from the ground. "Looks as if he'd waited up here, sir, for Dr Greeby to go by."

"He must have been well acquainted with his victim's habits," suggested Mr Egg.

"Not a bit of it," retorted Radcott. "He'd only to look at the lecture-list to know the time and place. This passage leads to the Master's House and the Fellows' Garden and nowhere else, and it's the way Dr Greeby would naturally go after his lecture, unless he was lecturing elsewhere, which he wasn't. Fairly able-bodied, your murderer, sergeant, to get up here. At least – I don't know."

Before the policeman could stop him, he had placed one hand on the side of the niche and a foot on a projecting band of masonry below it, and swung himself up.

"Hi, sir! Come down, please. The Super won't like that."

Plätschern des kleinen Springbrunnens und dem leisen Gezwitscher von Buchfinken. Als sie etwa die Mitte des nördlichen Gangs erreicht hatten, stießen sie auf eine zweite kleine dunkle Passage, an deren Eingang ein Polizeibeamter kniete und mit einer Taschenlampe den Boden absuchte.

«Tag, Sergeant!» sagte Radcott. «Na, Sie spielen wohl Sherlock Holmes? Zeigen Sie uns mal die blutigen Fußspuren.»

«Da ist kein Blut, Sir – leider. Wir hätten es leichter, wenn da welches wäre. Und Fußspuren gibt's auch nicht. Der Gentleman wurde niedergeschlagen, und wir glauben, dass der Mörder hier herauf geklettert sein muss, denn der Tote war groß und erhielt den Schlag mitten auf den Kopf.» Der Sergeant wies auf eine kleine Nische, die einem zugemauerten Fenster ähnlich sah, etwa vier Fuß über dem Boden. «Es sieht so aus, als hätte er hier oben gewartet, Sir, bis Dr. Greeby vorbeikam.»

«Er muss mit den Gewohnheiten seines Opfers genau vertraut gewesen sein», meinte Mr. Egg.

«Keineswegs», entgegnete Radcott. «Er musste sich nur das Vorlesungsverzeichnis ansehen, um Ort und Zeit zu erfahren. Dieser Gang führt nirgendwo hin außer zum Haus des Rektors und zum Professorengarten, und diesen Weg nahm Dr. Greeby naturgemäß nach seiner Vorlesung, wenn er nicht noch zu einer anderen Vorlesung musste, was nicht der Fall war. War ziemlich sportlich, Ihr Mörder, Sergeant, um da hinauf zu kommen. Zumindest... Ich weiß nicht.»

Bevor der Polizist ihn daran hindern konnte, hatte er sich mit einer Hand in der Nische festgehalten, hatte seinen Fuß weiter unten auf einen Mauervorsprung gestellt und – war schon oben.

«He, Sir! Kommen Sie da bitte herunter. Der Kommissar hat das nicht gern.»

"Why? Oh, gosh! Fingerprints, I suppose. I forgot. Never mind; you can take mine if you want them, for comparison. Give you practice. Anyhow, a baby in arms could get up here. Come on, Mr Egg; we'd better beat it before I'm arrested for obstruction."

But at this moment Radcott was hailed by a worried-looking don, who came through the passage from the far side, accompanied by three or four other people.

"Oh, Mr Radcott! One moment, Superintendent; this gentleman will be able to tell you what you want to know; he was at Dr Greeby's lecture. That is so, is it not, Mr Radcott?"

"Well, no, not exactly, sir," replied Radcott, with some embarrassment. "I should have been, but, by a regrettable accident, I cut – that is to say, I was on the river, sir; and didn't get back in time."

"Very vexatious," said Professor Staines, while the Superintendent merely observed:

"Any witness to your being on the river, sir?"

"None," replied Radcott. "I was alone in a canoe, up a backwater – earnestly studying Aristotle. But I really didn't murder the Master. His lectures were – if I may say so – dull, but not to that point exasperating."

"That is a very impudent observation, Mr Radcott," said the Professor severely, "and in execrable taste."

The Superintendent, murmuring something about routine, took down in a notebook the alleged times of Mr Radcott's departure and return, and then said:

"I don't think I need detain any of you gentle-

«Wieso denn? Oh, Himmel, richtig! Fingerabdrücke, ich vergaß. Na schön, Sie können meine zum Vergleich haben, wenn Sie wollen. Dann bleiben Sie in Übung. Jedenfalls ist es ein Kinderspiel, hier herauf zu kommen. Verschwinden wir, Mr. Egg, sonst werde ich noch wegen Behinderung der polizeilichen Arbeit verhaftet.»

Doch in diesem Augenblick rief jemand Radcotts Namen. Es war ein sorgenvoll aussehender Professor, der in Begleitung von drei oder vier anderen Personen vom entgegengesetzten Ende der Passage kam.

«Ah, Mr. Radcott! Einen Augenblick, Herr Kommissar, dieser junge Mann wird Ihnen sagen können, was Sie wissen wollen; er war nämlich in Dr. Greebys Vorlesung. Das stimmt doch, Mr. Radcott?»

«Tja, eigentlich nicht, Sir», erwiderte Radcott verlegen. «Ich hätte da sein sollen, aber durch einen bedauerlichen Zufall habe ich... Ich will sagen, ich war auf dem Fluss, Sir, und bin nicht rechtzeitig zurückgekommen.»

«Sehr ärgerlich», sagte Professor Staines, während der Kommissar lediglich fragte:

«Gibt es Zeugen dafür, dass Sie auf dem Fluss waren, Sir?»

«Nein», antwortete Radcott. «Ich war allein in dem Kanu, irgendwo auf einem Nebenarm – intensiv mit Aristoteles beschäftigt. Aber ich habe den Rektor wirklich nicht umgebracht. Seine Vorlesungen waren zwar – ich will mal sagen, langweilig, aber so unerträglich auch wieder nicht.»

«Das ist eine höchst ungehörige Bemerkung, Mr. Radcott», sagte der Professor streng, «und äußerst geschmacklos.»

Der Kommissar murmelte etwas von reiner Routine und notierte sich die Zeiten, wann Radcott angeblich weggegangen und zurückgekehrt war, und sagte dann:

«Ich glaube, ich sollte die Gentlemen nicht länger auf-

men further. If we want to see you again, Mr Temple, we will let you know."

"Certainly, certainly. I shall just have a sandwich at the café and return to the Bodleian. As for the lady, I can only repeat that she sat at my table from about half past nine till just before ten, and returned again at ten-thirty. Very restless and disturbing. I do wish, Dr Moyle, that some arrangement could be made to give me that table to myself, or that I could be given a place apart in the library. Ladies are always restless and disturbing. She was still there when I left, but I very much hope she has now gone for good. You are sure you don't want to lock me up now? I am quite at your service."

"Not just yet, sir. You will hear from us presently."

"Thank you, thank you. I should like to finish my chapter. For the present, then, I will wish you good-day."

The little bent figure wandered away, and the Superintendent touched his head significantly.

"Poor gentleman! Quite harmless, of course. I needn't ask you, Dr Moyle, where *he* was at the time?"

"Oh, he was in his usual corner of Duke Humfrey's Library. He admits it, you see, when he is asked. In any case, I know definitely that he was there this morning, because he took out a Phi book, and of course had to apply personally to me for it. He asked for it at 9.30 and returned it at 12.15. As regards the lady, I think I have seen her before. One of the older school of learned ladies, I fancy. If she is an outside reader, I must have her name and address somewhere, but she may, of course, be a member of the University. I fear

halten. Wir geben Ihnen Bescheid, Mr. Temple, wenn wir Sie noch einmal brauchen.»

«Gewiss, gewiss. Ich werde nur schnell im Café ein Sandwich essen und dann in die Bibliothek zurückgehen. Was die Dame betrifft, so kann ich nur wiederholen, dass sie von etwa halb zehn bis gegen zehn Uhr am selben Tisch saß wie ich und dass sie um zehn Uhr dreißig zurückkam. Sehr unruhig und störend. Ich wünschte, Dr. Moyle, es ließe sich einrichten, dass ich diesen Tisch für mich allein habe oder dass ich einen eigenen Platz in der Bibliothek bekomme. Damen sind immer unruhig und störend. Sie war noch immer da, als ich ging, aber ich will hoffen, dass sie nun endgültig gegangen ist. Sind Sie sicher, dass Sie mich jetzt nicht einsperren wollen? Ich stehe ganz zu Ihrer Verfügung.»

«Noch nicht, Sir. Sie hören in Kürze von uns.»

«Danke, danke! Ich würde gerne mein Kapitel noch beenden. Ich wünsche Ihnen also vorläufig einen guten Tag.»

Die kleine, gebeugte Gestalt trollte sich, und der Kommissar tippte sich vielsagend an die Stirn.

«Armer Mann! Natürlich völlig harmlos. Ich brauche Sie wohl nicht zu fragen, Dr. Moyle, wo er zur Tatzeit war?»

«Oh, er saß in seiner gewohnten Ecke in der Duke Humfrey-Bibliothek. Wenn man ihn fragt, gibt er das ja auch zu. Jedenfalls weiß ich mit Sicherheit, dass er heute Morgen da war, denn er hat sich eins der Phi-Bücher ausgeliehen und musste deswegen natürlich zu mir kommen. Er bat um 9.30 Uhr um das Buch und brachte es um 12.15 Uhr zurück. Was die Dame angeht, glaube ich, sie schon einmal gesehen zu haben. Ist vermutlich eine von den studierten Damen alten Schlags. Wenn sie eine auswärtige Benutzerin ist, muss ich Namen und Anschrift irgendwo haben, aber sie könnte natürlich auch zur Universität

I could not undertake to know them all by sight. But I will inquire. It is, in fact, quite possible that she is still in the library, and, if not, Franklin may know when she went and who she is. I will look into the matter immediately. I need not say, professor, how deeply I deplore this lamentable affair. Poor dear Greeby! Such a loss to classical scholarship!"

At this point, Radcott gently drew Mr Egg away. A few yards farther down the cloisters, they turned into another and rather wider passage, which brought them out into the Inner Quadrangle, one side of which was occupied by the chapel. Mounting three dark flights of stone steps on the opposite side, they reached Radcott's rooms, where the undergraduate thrust his new acquaintance into an armchair, and, producing some bottles of beer from beneath the window-seat, besought him to make himself at home.

"Well," he observed presently, "you've had a fairly lively introduction to Oxford life – one murder and one madman. Poor old Temple. Quite one of our prize exhibits. Used to be a Fellow here, donkey's years ago. There was some fuss, and he disappeared for a time. Then he turned up again, ten years since, perfectly potty; took lodgings in Holywell, and has haunted the Bodder and the police-station alternately ever since. Fine Greek scholar he is, too. Quite reasonable, except on the one point. I hope old Moyle finds his mysterious lady, though it's nonsense to pretend that they keep tabs on all the people who use the library. You've only got to walk in firmly, as if the place belonged to you, and, if you're challenged, say in a loud, injured tone that you've been a reader

gehören. Leider kann ich mir nicht alle Gesichter merken. Aber ich werde nachforschen. Es ist sogar möglich, dass sie noch in der Bibliothek sitzt, und wenn nicht, wird Franklin vielleicht wissen, wann sie gegangen ist und wer sie ist. Ich werde mich gleich darum kümmern. Ich muss Ihnen nicht sagen, Professor, wie tief ich diese unselige Angelegenheit bedaure. Der arme Greeby! Ein schwerer Verlust für die Wissenschaft! »

An diesem Punkt zog Radcott Mr. Egg leise mit sich fort. Ein paar Schritt weiter bogen sie aus dem Kreuzgang ab in einen anderen, breiteren Gang, durch den sie in den Innenhof gelangten, an dessen einer Seite die Kapelle stand. In einem gegenüber liegenden dunklen Treppenhaus stiegen sie über steinerne Stufen in den dritten Stock, wo sich Radcotts Zimmer befanden. Dort schubste der junge Student seinen neuen Bekannten in einen Sessel, holte unter der Bank am Fenster ein paar Bierflaschen hervor und bat ihn, es sich bequem zu machen.

« Tja », sagte er nach einer Weile, « da hatten Sie ja eine ziemlich lebhafte Einführung ins Leben von Oxford – einen Mord und einen Verrückten. Der arme Temple. Eins unserer Vorzeigestücke. War hier mal Fellow, vor Urzeiten. Dann passierte irgendwas, und er verschwand für eine Weile. Als er vor zehn Jahren wieder auftauchte, war er völlig durchgedreht. Nahm sich ein Zimmer in Holywell und ist seither abwechselnd Stammgast in der Universitätsbibliothek und auf der Polizeiwache. Dabei ist er ein hervorragender Kenner des Griechischen. Ganz vernünftig, außer in diesem einen Punkt. Ich hoffe, der alte Moyle findet die geheimnisvolle alte Dame, obwohl es Unsinn ist, wenn er behauptet, dass sie alle Bibliotheksbenutzer genau registrieren. Man muss nur bestimmt auftreten, so als gehörte einem das Ganze, und wenn einen jemand anhält, muss man laut und in vorwurfsvollem Ton sagen, man benutze die Bibliothek schon seit Jahren. Wenn man

for years. If you borrow a gown, they won't even challenge you."

"Is that so, really?" said Mr Egg.

"Prove it, if you like. Take my gown, toddle across to the Bodder, march straight in past the showcases and through the little wicket marked 'Readers Only', into Duke Humfrey's Library; do what you like, short of stealing the books or setting fire to the place – and if anybody says anything to you, I'll order six dozen of anything you like. That's fair, isn't it?"

Mr Egg accepted this offer with alacrity, and in a few moments, arrayed in a scholar's gown, was climbing the stair that leads to England's most famous library. With a slight tremor, he pushed open the swinging glass door and plunged into the hallowed atmosphere of mouldering leather that distinguishes such temples of learning.

Just inside, he came upon Dr Moyle in conversation with the doorkeeper. Mr Egg, bending nonchalantly to examine an illegible manuscript in a showcase, had little difficulty in hearing what they said, since, like all official attendants upon reading-rooms, they took no trouble to lower their voices.

"I know the lady, Dr Moyle. That is to say, she has been here several times lately. She usually wears an MA gown. I saw her here this morning, but I didn't notice when she left. I don't think I ever heard her name, but seeing that she was a senior member of the University – "

Mr Egg waited to hear no more. An idea was burgeoning in his mind. He walked away, courageously pushed open the Readers' Wicket, and stalked down the solemn mediaeval length of

sich einen Talar ausleiht, wird man nicht einmal angehalten.»

«Ist das wirklich so?» fragte Mr. Egg.

«Probieren Sie's aus, wenn Sie wollen. Nehmen Sie meinen Talar, gehen Sie rüber zur Bibliothek und marschieren Sie an den Glasvitrinen vorbei durch das Türchen, an dem ‹Nur für Mitglieder› steht, und rein in die Duke-Humfrey-Bibliothek. Sie können dort tun, was Sie wollen, außer Bücher stehlen oder das Ganze in Brand stecken – und wenn Sie jemand anhält, bestelle ich sechs Dutzend von was immer Sie wollen. Das ist doch ein faires Angebot, oder?»

Mr. Egg ging sofort darauf ein, und wenig später stieg er, den Studententalar um die Schultern, die Stufen zu Englands berühmtester Bibliothek hinauf. Leicht zitternd stieß er die gläserne Pendeltür auf, und sogleich umgab ihn der modrige Duft von altem Leder, der diese heiligen Hallen der Gelehrsamkeit auszeichnet.

Gleich nachdem er eingetreten war, sah er Dr. Moyle, der sich mit dem Pförtner unterhielt. Mr. Egg beugte sich in ungezwungener Haltung über eine Vitrine, um ein unleserliches Manuskript zu betrachten, und hatte keine Mühe zu verstehen, was die beiden sagten, denn wie alle Bediensteten in Lesesälen dachten sie nicht daran, leise zu sprechen.

«Ich kenne die Dame, Dr. Moyle. Das heißt, sie war in letzter Zeit mehrmals hier. Meistens trägt sie einen Magister-Talar. Ich habe sie auch heute früh hier gesehen, weiß aber nicht, wann sie weggegangen ist. Ihren Namen habe ich, glaube ich, nie erfahren, aber da sie ein Mitglied des Lehrkörpers ist…»

Mr. Egg lauschte nicht länger. Ihm war ein Gedanke gekommen. Er ging zur Lesesaalsperre, stieß sie beherzt auf und durchschritt dann der Länge nach die mittelalterliche Duke-Humfrey-Bibliothek. In der fernsten und dun-

Duke Humfrey's Library. In the remotest and darkest bay, he observed Mr Temple, who, having apparently had his sandwich and forgotten about the murder, sat alone, writing busily, amid a pile of repellent volumes, with a large attaché-case full of papers open before him.

Leaning over the table, Mr Egg addressed him in an urgent whisper:

"Excuse me, sir. The police Superintendent asked me to say that they think they have found the lady, and would be glad if you would kindly step down at once and identify her."

"The lady?" Mr Temple looked up vaguely. "Oh, yes – the lady. To be sure. Immediately? That is not very convenient. Is it so very urgent?"

"They said particularly to lose no time, sir," said Mr Egg.

Mr Temple muttered something, rose, seemed to hesitate whether to clear up his papers or not, and finally shovelled them all into the bulging attaché-case, which he locked upon them.

"Let me carry this for you, sir," said Monty, seizing it promptly and shepherding Mr Temple briskly out. "They're still in the cloisters, I think, but the Super said, would you kindly wait a few moments for him in the porter's lodge. Here we are."

He handed Mr Temple and his attaché-case over to the care of the porter, who looked a little surprised at seeing Mr Egg in academic dress, but, on hearing the Superintendent's name, said nothing. Mr Egg hastened through quad and cloisters and mounted Mr Radcott's staircase at a run.

"Excuse me, sir," he demanded breathlessly of that young gentleman, "but what is a Phi book?"

kelsten Nische entdeckte er Mr. Temple, der anscheinend sein Sandwich verzehrt und den Mordfall vergessen hatte und nun allein und emsig schreibend dasaß, umgeben von einem Stapel abschreckend aussehender Bände und mit einem großen, geöffneten Aktenkoffer voller Papiere vor sich.

Mr. Egg beugte sich vor und sprach ihn in eindringlichem Flüsterton an:

«Entschuldigen Sie, Sir, aber der Kommissar bat mich, Ihnen zu sagen, dass man die Dame gefunden hat, und dass er Ihnen dankbar wäre, wenn Sie jetzt gleich hinüber gehen könnten, um sie zu identifizieren.»

«Die Dame?» Mr. Temple sah zerstreut auf. «Ach so... die Dame. Richtig. Jetzt gleich? Das kommt mir aber ungelegen. Ist es denn so eilig?»

«Man lässt Sie ausdrücklich bitten, keine Zeit zu verlieren, Sir», sagte Mr. Egg.

Mr. Temple murmelte etwas, erhob sich, schien einen Augenblick zu überlegen, ob er seine Papiere aufräumen sollte, stopfte sie schließlich in den überquellenden Aktenkoffer und schloss den Deckel.

«Erlauben Sie, dass ich Ihnen den trage», sagte Monty und griff auch schon zu, dann führte er Mr. Temple mit schnellen Schritten hinaus. «Die Herren sind, glaube ich, noch im Kreuzgang, aber der Kommissar bittet Sie, einen Augenblick in der Pförtnerloge auf ihn zu warten. So, da sind wir schon.»

Er gab Mr. Temple und dessen Aktenkoffer in die Obhut des Pförtners, der etwas erstaunt schien, Mr. Egg im akademischen Gewand zu sehen, aber nichts sagte, als er den Namen des Kommissars hörte, und Mr. Egg durchquerte eilig den Hof und den Kreuzgang und rannte die Treppe hinauf zu Mr. Radcott.

«Entschuldigen Sie, Sir», fragte er den jungen Gentleman etwas atemlos, «aber was ist ein Phi-Buch?»

"A Phi book," replied Radcott in some surprise, "is a book deemed by Bodley's Librarian to be of an indelicate nature, and catalogued accordingly, by some dead-and-gone humorist, under the Greek letter *phi*. Why the question?"

"Well," said Mr Egg, "it just occurred to me how simple it would be for anybody to walk into the Bodleian, disguise himself in a retired corner – say in Duke Humfrey's Library – walk out, commit a murder, return, change back to his own clothes and walk out. Nobody would stop a person from coming in again, if he – or she – had previously been seen to go out – especially if the disguise had been used in the library before. Just a change of clothes and an MA gown would be enough."

"What in the world are you getting at?"

"This lady, who was in the cloisters at the time of the murder. Mr Temple says she was sitting at his table. But isn't it funny that Mr Temple should have drawn special attention to himself by asking for a Phi book, today of all days? If he was once a Fellow of this college, he'd know which way Dr Greeby would go after his lecture; and he may have had a grudge against him on account of that old trouble, whatever it was. He'd know about the niche in the wall, too. And he's got an attaché-case with him that might easily hold a lady's hat and a skirt long enough to hide his trousers. And why is he wearing a top-coat on such a hot day, if not to conceal the upper portion of his garments? Not that it's any business of mine – but – well, I just took the liberty of asking myself. And I've got him out there, with his case, and the porter keeping an eye on him."

«Ein Phi-Buch», antwortete Radcott etwas verdutzt, «ist eins, das nach Auffassung der Universitätsbibliothek unanständig ist und das dementsprechend von einem längst verstorbenen Witzbold unter dem griechischen Buchstaben Phi katalogisiert wurde. Warum fragen Sie?»

«Nun», sagte Mr. Egg, «mir ist aufgefallen, wie einfach es für jemanden wäre, in die Universitätsbibliothek zu gehen, sich in einem abgelegenen Winkel – zum Beispiel der Duke-Humfrey-Bibliothek – zu maskieren, hinauszugehen, einen Mord zu begehen, zurückzukommen, die alten Sachen wieder anzuziehen und hinauszugehen. Keiner würde jemanden daran hindern zurückzukommen, den man vorher hat hinausgehen sehen – erst recht nicht, wenn er dieselbe Verkleidung schon früher in der Bibliothek getragen hat. Ein paar andere Kleidungsstücke und ein Magister-Talar würden völlig genügen.»

«Worauf um alles in der Welt wollen Sie hinaus?»

«Diese Dame, die zur Tatzeit im Kreuzgang war. Mr. Temple sagt, sie habe an seinem Tisch gesessen. Aber ist es nicht seltsam, dass Mr. Temple ausgerechnet heute auf sich aufmerksam gemacht hat, indem er ein Phi-Buch ausleihen wollte? Da er mal Fellow in diesem College war, wusste er, welchen Weg Dr. Greeby nach seiner Vorlesung nehmen würde; und vielleicht hegte er einen Groll gegen ihn wegen dieser alten Geschichte, was immer damals war. Er kannte also auch die Nische in der Wand. Und er trägt einen Aktenkoffer bei sich, in den ohne weiteres ein altmodischer Damenhut und ein langer Rock passt, der seine Hosenbeine verdeckt. Und warum trägt er an einem so heißen Tag einen Mantel, wenn er damit nicht den oberen Teil seiner Verkleidung verbergen will? Es geht mich ja nichts an... aber... nun, ich hab mir eben so meine Gedanken gemacht. Und ich habe ihn mit seinem Aktenkoffer da draußen zum Pförtner gesetzt, der ihn ein bisschen im Auge behält.»

Thus Mr Egg, rather breathlessly. Radcott gaped at him.

"Temple? My dear man, you're as potty as he is. Why, he's always confessing – he confessed to this – you can't possibly suppose –?"

"I daresay I'm wrong," said Mr Egg. "But isn't there a fable about the man who cried 'Wolf!' so often that nobody would believe him when the wolf really came? There's a motto in the *Salesman's Handbook* that I always admire very much. It says: 'Discretion plays a major part in making up the salesman's art, for truths that no one can believe are calculated to deceive.' I think that's rather subtle, don't you?"

Soweit der etwas atemlose Mr. Egg. Radcott sah ihn ungläubig an.

«Temple? Guter Mann, Sie sind ja genau so verrückt wie er. Der gesteht doch jeden Mord... er hat auch diesen gestanden... Sie glauben doch nicht im Ernst...?»

«Möglicherweise irre ich mich», sagte Mr. Egg. «Aber es gibt doch diese kleine Geschichte von dem Mann, der immer wieder rief ‹Der Wolf kommt!›, so dass ihm keiner mehr glaubte, als der Wolf dann wirklich kam. Im ‹Handbuch für Vertreter› steht ein Spruch, der mir sehr gefällt. Er lautet: ‹Wer mit Erfolg verkaufen will, / braucht Augenmaß und Feingefühl; / denn Wahrheit, die nicht glaubhaft ist, / beargwöhnt man wie eine List.› Finden Sie nicht auch, dass da viel Lebensklugheit drinsteckt?»

Cyril Hare: Miss Burnside's Dilemma

It's the fact that it's the vicar that makes the whole business so *difficult*. I simply don't know what to do about it. Those were his very words to me when I taxed him with it after matins last Sunday. "Well, Miss Burnside," he said, "and what do you propose to do about it?" He smiled at me as he said it, I remember just a friendly, amused sort of smile over his shoulder as he locked the vestry door, and then he took off his hat in that courteous way of his and walked back to the vicarage, leaving me standing there without an answer. That was nearly a week ago. And I don't know what the answer is. And he knows quite well that I don't know. I can see it in his eye whenever we meet. And in a small place like this it does make for a really impossible situation.

My first thought was to go to the police about it. In fact, if it had not been for the chance that my nephew John was staying with me at the time I think I should have done so. I call it chance, but looking back on it now I feel that it was rather the hand of Providence. Because if I had obeyed that first impulse I can see now what a terrible scandal there would have been. And much worse than a mere scandal, indeed! It so happened that on that Sunday evening John – he is studying for the Bar and is a very clever boy indeed – was talking to me about a big law case there had been recently in which a poor woman was made to pay enormous damages for – what did he call it? – Malicious Prosecution. That made me think a great deal of the danger of acting rashly in the matter, and in the end I told him all about it and asked his advice.

Cyril Hare: Miss Burnsides Dilemma

Diese Sache ist deshalb so furchtbar schwierig, weil es um unseren Pfarrer geht. Ich weiß einfach nicht, was ich tun soll. Genau das waren seine Worte, als ich es ihm am letzten Sonntag nach der Morgenandacht auf den Kopf zusagte. «Na und, Miss Burnside», hat er gesagt, «was gedenken Sie deswegen zu unternehmen?» Ich weiß noch, dass er mich dabei über die Schulter angelächelt hat – ganz freundlich und leicht amüsiert, während er die Tür zur Sakristei abschloss, und dann zog er höflich wie immer den Hut und ging zum Pfarrhaus, und ich stand da und wusste nicht, was ich antworten sollte. Das ist jetzt fast eine Woche her, und ich weiß immer noch keine Antwort. Und er weiß das ganz genau. Das steht ihm ins Gesicht geschrieben, wenn wir uns begegnen. Und in einem so kleinen Ort wie diesem ist das eine ganz unmögliche Situation.

Mein erster Gedanke war, zur Polizei zu gehen. Das hätte ich auch getan, wenn damals nicht zufällig mein Neffe John zu Besuch gewesen wäre. Ich habe «Zufall» gesagt, aber wenn ich es mir jetzt nachträglich recht überlege, war es eher eine Fügung des Himmels. Denn ich weiß jetzt: wenn ich meiner ersten Eingebung gefolgt wäre, hätte es einen schrecklichen Skandal gegeben. Vielleicht sogar noch Schlimmeres als einen Skandal! Genau an diesem Sonntagabend erzählte mir nämlich John – er macht gerade eine Ausbildung als Anwalt und ist ein sehr gescheiter Junge – von einem großen Prozess, in dem eine arme Frau vor kurzem zu einer riesigen Geldstrafe verurteilt wurde, wegen – wie hat er das genannt? – «böswilliger Verleumdung«. Da begriff ich, wie gefährlich es werden könnte, in dieser Sache übereilt zu handeln, und schließlich habe ich ihm dann alles erzählt und ihn um Rat gebeten. Er ist fast eigentlich schon fast ein fertiger An-

After all, he is very nearly a lawyer, and as he is not one of the village it didn't seem to matter. John was tremendously interested – more interested than shocked, I'm afraid, but I suppose that is only natural – and he spent nearly the whole evening considering the matter when he ought to have been studying the Law of Real Property, which is his next examination, and in the end he told me that he could not find that any crime had been committed. Well, that may be the law, and of course I believe what my nephew tells me, but it does seem to me very wrong that the law should permit such things to be done – especially by a minister of the Church of England.

Of course, I could write to the bishop about it. Indeed, I have considered very seriously whether it is not my *duty* to write to the bishop. But it is a step that one shrinks from. In some ways it seems almost more serious than informing the police. I mean, it does seem almost equal to invoking the help of a Higher Power – I trust I am not being irreverent in putting it in that way. But I do not think the seriousness of it would deter me if I were only sure that the bishop would be able to do anything about it, and of that I cannot be sure. I asked John, but he could not help me. It appears that Church Law is not one of the subjects they examine him in, which seems a pity. However, he was very kind and helpful in explaining all kinds of points about the Law of Wills and so on, so that I do at least understand the whole of the dreadful story now quite clearly. Not that that is very much comfort to me, indeed! Rather the reverse. And situated as I am, there is literally *nobody* to whom I can turn for guidance. It is just the sort of problem that I could have set before the vicar himself until this terrible thing happened. But now –!

walt, und da er nicht im Dorf wohnt, war nichts weiter dabei. John hat sich lebhaft dafür interessiert – ich fürchte er war weniger entsetzt als interessiert, aber ich nehme an, dass das völlig normal ist – und er verbrachte fast den ganzen Abend damit, über die Angelegenheit nachzudenken, obwohl er eigentlich Sachenrecht hätte lernen sollen, für seine nächste Prüfung – und am Ende sagte er, seiner Meinung nach liege da gar kein Verbrechen vor. Na, nach dem Gesetz mag das ja so sein, und natürlich glaube ich, was mir mein Neffe erzählt, aber ich finde es nicht richtig, dass so etwas gesetzlich erlaubt ist – ganz besonders, wenn es sich um einen Priester der Kirche von England handelt.

Natürlich könnte ich deswegen dem Bischof schreiben. Ich habe mich ernsthaft gefragt, ob es nicht sogar meine Pflicht wäre, dem Bischof zu schreiben. Aber so was überlegt man sich zweimal. In gewisser Weise ist das ja noch schwerwiegender, als zur Polizei zu gehen. Ich meine, das ist doch schon fast so, als riefe man eine höhere Macht um Hilfe an – ich hoffe, es ist nicht respektlos, wenn ich das so sage. Aber auch wenn das ein ernster Schritt ist, ich würde nicht davor zurückschrecken, wenn ich wüsste, dass der Bischof deswegen etwas unternehmen kann, aber da bin ich mir nicht sicher. Ich habe mich bei John erkundigt, und er konnte mir dazu nichts sagen. Kirchenrecht gehört anscheinend nicht zu seinen Prüfungsgebieten, was ich sehr schade finde. Trotzdem war er sehr nett und hilfsbereit und hat mir alles mögliche zum Erbschaftsrecht und so weiter erklärt, so dass ich diese schreckliche Geschichte jetzt genau verstehe. Nicht, dass mir das etwa ein großer Trost wäre! Im Gegenteil! Und in meiner Lage habe ich buchstäblich niemanden, an den ich mich wenden kann. Bevor diese furchtbare Sache passierte, hätte ich mit einem derartigen Problem zum Pfarrer gehen können. Aber jetzt…!

I want to be perfectly just to the vicar. In all the time that he has been in the village nobody, I am sure, has had a word to say against him, except indeed old Judd, and he, I fear, is irreclaimably ill disposed to every influence for good in the village. Of course, one might say that he – the vicar, I mean – has merely been a hypocrite all these years and that we have all been woefully deceived in him. But I prefer to think of him as a man suddenly exposed to a great Temptation and being carried away, as might happen to any of us. True, I cannot forget the way in which he brazened it out with me on Sunday, but neither can I believe that I have been utterly mistaken in the man, after knowing him so well for nearly ten years. That is the time that he has been in the village, and I remember quite well how good an impression he made when Mrs Wheeler presented him to the living. It was quite soon after Mrs Wheeler settled down among us, and bought the Hall and with it the patronage. I do not myself altogether approve of such a thing as a cure of souls being in the gift of a private person and I am very glad that Parliament has done something about it, though I can never understand quite *what*, but it seemed impossible to quarrel with Mrs Wheeler's choice, and the fact that he was her godson as well as her nephew made it so peculiarly appropriate. Certainly, we all agreed that it was a mercy that the old vicar had survived until after Sir John sold the place, for Sir John's intellect was beginning to fail, and what with that and his dangerously Low Church tendencies one shudders to think what his choice might have been.

Altogether, there is no denying that the double

Ich möchte gegenüber dem Pfarrer vollkommen gerecht sein. In all den Jahren, seit er bei uns ist, hat bestimmt niemand etwas Schlechtes über ihn sagen können, abgesehen natürlich von dem alten Judd, aber der ist, fürchte ich, auf jeden schlecht zu sprechen, der auf das Dorf einen guten Einfluss hat. Natürlich könnte man behaupten, er – ich meine: der Pfarrer – habe all die Jahre nur geheuchelt, und wir hätten uns alle gründlich in ihm getäuscht. Aber ich mag lieber denken, dass er ein Mann ist, der plötzlich in schwere Versuchung geriet und ihr erlegen ist, so wie es jedem von uns ergehen könnte. Gewiss, ich werde nie vergessen, wie er mich am Sonntag kurz abgefertigt hat, aber ich kann mir andererseits nicht vorstellen, dass ich mich so völlig in einem Mann getäuscht haben soll, den ich seit fast zehn Jahren gut kenne. So lange ist er nämlich schon im Dorf, und ich weiß noch, wie beeindruckt wir alle waren, als Mrs. Wheeler ihn der Gemeinde vorstellte. Das war kurz nachdem Mrs. Wheeler sich hier niedergelassen und das Herrenhaus erworben hatte und damit auch das Recht, die Pfarrstelle zu besetzen. Ich selbst halte nichts von so einer Regelung, dass eine einzelne Person bestimmen darf, wer sich um unser Seelenheil kümmern soll, und ich bin froh, dass das Parlament da etwas unternommen hat, obwohl ich nie genau verstanden habe, was – aber man konnte gegen Mrs. Wheelers Wahl im Grunde nichts einwenden; ja, der Umstand, dass er ihr Patenkind und Neffe war, machte sie ganz besonders einleuchtend. Es war jedenfalls ein Segen – darüber waren wir uns alle einig – dass der alte Pfarrer so lange am Leben geblieben war, bis Sir John seinen Besitz verkauft hatte, denn Sir Johns Geisteskräfte ließen schon nach, und in Glaubensfragen hatte er außerdem gefährlich radikale Ansichten, und es ist gar nicht auszudenken, wen er sich ausgesucht hätte.

Alles in allem hat der gleichzeitige Wechsel im Herren-

change, at the Hall and the vicarage, was all to the good of the neighbourhood. Everybody liked Mrs Wheeler. Even Judd had hardly a word to say against her. True, she lived very quietly, as was after all only proper for a widow who was no longer young; but until last year, when her health began to fail, she took her full part in all the village activities, and whenever help was needed she was unfailingly generous. As indeed she could well afford to be – not that I consider that that detracts in any way from her kindness of heart, but it was common knowledge that Mr Wheeler, whoever he may have been, had left her very well provided for. The all-important thing was that she used her wealth for the good of others.

But if it is true to say that we respected the new vicar and admired Mrs Wheeler – and I think it is – there is no doubt that we loved Miss Dalrymple. She, I should explain, was Mrs Wheeler's companion. There is a lot of nonsense talked about the companions of rich old ladies who have no daughters of their own to look after them. They are always represented as poor abject creatures, perpetually bullied and down-trodden by their employers. Miss Dalrymple was not at all like that. She was a very cheerful, active young woman – not really young, of course, only in comparison with Mrs Wheeler she seemed so – and there was nothing in the least abject about her. Of course, she kept herself well in the background when Mrs Wheeler was present, but that is no more than one would expect. And there was no doubt that they were very fond of each other. They were indeed just like mother and daughter – or, rather, like what mother and daughter should be but so often, alas, are *not*.

haus und im Pfarrhaus dem ganzen Dorf unbestreitbar gut getan. Jeder konnte Mrs. Wheeler gut leiden. Selbst Judd hatte so gut wie nichts an ihr auszusetzen. Gewiss, sie lebte zurückgezogen, wie es sich für eine Witwe in ihrem Alter ja auch gehört; aber bis ins vergangene Jahr, als ihre Gesundheit nachzulassen begann, hat sie sich an allen Veranstaltungen im Dorf beteiligt, und wann immer irgendwo Hilfe vonnöten war, war sie ausnahmslos sehr großzügig. Sie konnte sich das allerdings auch leisten – womit ich nicht gesagt haben möchte, dass das ihrer Herzensgüte irgendwie Abbruch tut, aber es war allgemein bekannt, dass Mr. Wheeler – wer er auch gewesen sein mag – sehr gut für sie vorgesorgt hatte. Das Entscheidende ist doch, dass sie ihren Reichtum zum Wohl anderer eingesetzt hat.

Aber wenn es auch stimmt, dass wir Hochachtung vor dem neuen Pfarrer hatten und Mrs. Wheeler bewunderten – ich glaube, das kann man so sagen –, so gibt es doch keinen Zweifel, dass wir Miss Dalrymple liebten. Sie war, das muss ich dazu sagen, Mrs. Wheelers Gesellschafterin. Es wird ja viel Unsinn verbreitet über die Gesellschafterinnen bei reichen alten Damen, die sich umsorgen lassen, weil sie keine eigenen Töchter haben. Immer werden sie als geduckte arme Wesen dargestellt, die von der Dame des Hauses fortwährend schikaniert und unterdrückt werden. Miss Dalrymple war aber ganz anders. Sie war eine fröhliche, unternehmungslustige junge Frau – natürlich nicht wirklich jung, aber im Vergleich zu Mrs. Wheeler kam sie einem so vor –, und geduckt war sie ganz und gar nicht. Selbstverständlich hielt sie sich im Beisein von Mrs. Wheeler immer im Hintergrund, aber das war auch nicht anders zu erwarten. Und zweifellos hatten die beiden einander gern. Sie waren geradezu wie Mutter und Tochter – oder besser gesagt, so wie Mutter und Tochter eigentlich sein sollten, es aber leider oftmals nicht sind.

The only person in the place who did not seem absolutely devoted to Miss Dalrymple, strangely enough, was the vicar himself. It was strange, because in many ways they had so much in common. At one time, indeed, I had hopes that the pair of them would make a match of it. It seemed so extremely suitable, and I know that I did my little best to bring it to pass. Certainly, I have always felt that a bachelor vicar, however excellent, is out of place in a parish like ours – though I know that Saint Paul thought otherwise. But it was not to be, and as the years went on it was impossible not to notice a certain coolness – I wouldn't go so far as to call it hostility – between him and Miss Dalrymple; although, of course, they always remained scrupulously polite and acted together quite harmoniously on committees and bazaars and at other parish functions.

That was how matters stood when Mrs Wheeler came to the village, and that was how they remained for a very long time. Nothing changes very much with the years in a quiet place like this, except that we all grow a little older, and I think it was quite a shock to most of us to realize last year how very much older and more infirm dear Mrs Wheeler had become. She went out less and less, and Miss Dalrymple, too, withdrew almost entirely from our little activities owing to the necessity of having to look after her. Mrs Wheeler had some objection to a nurse, so that all the burden fell upon poor Miss Dalrymple. It was really very hard upon her, though she never complained, and I must say that she was quite as good and careful as any professional nurse could be.

A month or two ago, however, it became sadly

Der einzige im Dorf, der Miss Dalrymple anscheinend nicht ins Herz geschlossen hatte, war seltsamerweise ausgerechnet der Pfarrer. Das war deshalb so seltsam, weil die beiden in mancher Hinsicht so viel gemeinsam hatten. Eine Zeit lang hoffte ich sogar, die beiden würden ein Paar. Sie hätten so gut zusammengepasst, und ich weiß noch, dass ich versucht habe, ein bisschen zu kuppeln. Ich war schon immer der Ansicht, dass ein unverheirateter Pfarrer, und sei er noch so gut, nicht in eine Gemeinde wie unsere passt – obwohl ich weiß, dass der heilige Paulus da anderer Meinung war. Aber es wurde nichts daraus, und im Laufe der Zeit war nicht zu übersehen, dass eine gewisse Kühle – ich würde nicht so weit gehen, von Feindseligkeit zu sprechen – zwischen ihm und Miss Dalrymple herrschte; obwohl die beiden stets die Höflichkeit wahrten und bei Komiteesitzungen und Wohltätigkeitsbasaren und anderen Angelegenheiten in der Gemeinde mühelos zusammenarbeiteten.

So standen die Dinge also, als Mrs. Wheeler ins Dorf zog, und so blieb es eine lange Zeit. In einem derart stillen Ort ändert sich über die Jahre hin nicht viel, außer dass wir alle ein bisschen älter werden, und ich glaube, dass die meisten von uns ziemlich erschrocken sind, als wir im vergangenen Jahr bemerkten, wie sehr viel älter und gebrechlicher Mrs. Wheeler geworden war. Sie ging immer seltener aus dem Haus, und auch Miss Dalrymple nahm fast gar nicht mehr an unseren kleinen Veranstaltungen teil, in Anbetracht dessen, dass sie sich um die alte Dame kümmern musste. Aus irgendeinem Grund lehnte Mrs. Wheeler eine Krankenschwester ab, so dass Miss Dalrymple die ganze Bürde tragen musste. Das war wirklich sehr schwer für sie, aber sie hat nie darüber geklagt, und ich muss sagen, dass sie genau so tüchtig und sorgfältig war wie eine ausgebildete Schwester.

Vor ein paar Monaten allerdings merkte man dann lei-

evident that Mrs Wheeler was seriously ill. Dr Perry – who was always, I think, just the least bit afraid of her – plucked up the courage to insist that she should have a night nurse permanently on duty, and this gave Miss Dalrymple a little more freedom to come out and see her friends. One evening, shortly after the nurse had been installed, she came round to see me. I had expected her to be tired and anxious, but I was not prepared to find her quite so depressed and utterly unlike her usual cheerful self.

Naturally my first question was after Mrs Wheeler.

"She is very ill indeed," she told me. "Dr Perry thinks that it is most unlikely that she will recover."

It is always difficult to know what to say on such occasions. I said, "Oh dear!" which, I am afraid, was rather inadequate, but I tried to put as much sympathy into my voice as possible.

Miss Dalrymple said nothing for a moment or two but sat there looking very low and miserable. Finally she said, "The trouble is, Miss Burnside, that she doesn't realize how ill she is."

"Surely that is all to the good," I said. "After all, if she is going to die, it is better that she should not be troubled with any foreboding about it. It isn't as if she was a Roman Catholic," I added, "and in need of making a confession or anything of that kind. Not that a dear, good woman like Mrs Wheeler could have anything to confess, in any case."

"It isn't that," she answered, looking more miserable than ever. "You see, Dr Perry says that she might die at any minute, and I happen to know that she has not made any will."

I confess that I could not help feeling a little

der ganz deutlich, dass Mrs. Wheeler schwer krank war. Dr. Perry – er hatte, glaube ich, immer ein klein wenig Angst vor ihr gehabt – bestand jetzt mit Festigkeit darauf, dass eine Nachtschwester ständig im Haus sein sollte, und das gab Miss Dalrymple etwas mehr Freiheit, auszugehen und Freunde zu besuchen. Kurz nachdem die Nachtschwester eingestellt worden war, kam sie eines Abends zu mir. Ich hatte zwar damit gerechnet, dass sie müde und sorgenvoll sein würde, aber ich hätte nicht erwartet, dass sie dermaßen niedergeschlagen und kaum mehr wiederzuerkennen war.

Meine erste Frage galt natürlich Mrs. Wheeler.

«Sie ist wirklich sehr krank», sagte sie. «Dr. Perry hält es für sehr unwahrscheinlich, dass sie sich noch einmal erholt.»

In so einer Situation weiß man ja nie, was man sagen soll. Mein «Oh je!» war, fürchte ich, nicht sehr angemessen, aber ich versuchte, so viel Mitgefühl wie möglich in meinen Ton zu legen.

Eine Weile sagte Miss Dalrymple gar nichts, sondern saß nur traurig und gedrückt da. Schließlich sagte sie: «Das Schlimme ist, Miss Burnside, dass sie nicht ahnt, wie krank sie ist.»

«Das hat ja auch sein Gutes», sagte ich. «Wenn es nun einmal so ist, dass sie sterben muss, ist es doch besser, dass sie sich nicht mit dieser Vorstellung quält. Sie ist ja keine Katholikin», setzte ich hinzu, «die eine Beichte ablegen müsste oder so etwas. Abgesehen davon hat so eine liebe, gutherzige Frau wie Mrs. Wheeler gewiss gar nichts zu beichten.»

«Das ist es nicht», erwiderte sie und machte ein noch unglücklicheres Gesicht. «Sehen Sie, Dr. Perry sagt, sie könnte jeden Augenblick sterben, und ich weiß zufällig, dass sie noch kein Testament gemacht hat.»

Ich muss gestehen, dass ich ein wenig schockiert, ja

shocked – disgusted even – that Miss Dalrymple should be thinking of such things at such a time,

and I thought then – as I have thought many times since! – how mistaken one can be, even about somebody one has known for a long time. Of course, I knew, like everybody in the village, that Miss Dalrymple had absolutely nothing of her own, and I knew also, because Mrs Wheeler had told me so, that her employer had intentions of making some provision for her after her death. I could quite understand Miss Dalrymple feeling disappointed at having to go out and look for another post at her age. But at the same time I could not but think that it was rather improper to be thinking of such matters, much more discussing them, while the person in question was still alive.

I must have shown something of my feelings in my expression, although I certainly did my best not to, for Miss Dalrymple immediately said, "Please don't imagine that I'm thinking of myself, Miss Burnside."

Naturally, I said, "Of course not!" though I wondered very much of whom else she could possibly be thinking. But what she said next surprised me very much indeed.

"It would be a lamentable thing," she went on, "and, absolutely contrary to Mrs Wheeler's own wishes, if all that money of hers were to go to her son."

Now this was the very first time that I, or anybody else so far as I was aware, had ever so much as heard that Mrs Wheeler had a son, and that only goes to show how very reticent she had always been about her own affairs, and how very loyal a companion Miss Dalrymple had been, never once to have mentioned the fact to any of her friends in the village.

"Her son, Miss Dalrymple?" I said. "Whatever do you mean?" And then she told me all about him.

geradezu entsetzt war, dass Miss Dalrymple ausgerechnet jetzt an so etwas denken konnte, und dann dachte ich – und ich habe das seither noch oft gedacht – wie sehr man sich auch in Menschen irren kann, die man schon lange kennt. Natürlich war mir, wie allen anderen im Ort, bekannt, dass Miss Dalrymple rein gar nichts besaß, und mir war auch bekannt, dass Mrs. Wheeler – denn sie hatte mir das gesagt – beabsichtigte, für die Zeit nach ihrem Tod ihrer Angestellten eine gewisse Versorgung zu hinterlassen. Ich konnte gut verstehen, dass es für Miss Dalrymple bitter war, sich in ihrem Alter nach einer neuen Stellung umsehen zu müssen. Andererseits fand ich es doch sehr unpassend, an so etwas zu denken geschweige denn darüber zu reden, während die fragliche Person noch am Leben war.

Sie muss gemerkt haben, was in mir vorging, obwohl ich bemüht war, mir nichts anmerken zu lassen, denn Miss Dalrymple sagte sofort: «Glauben Sie bitte nicht, Miss Burnside, dass ich dabei an mich selber denke.»

Natürlich entgegnete ich «Aber nein!» obwohl ich mich fragte, an wen sie denn sonst hätte denken sollen. Aber was sie dann sagte, versetzte mich doch in großes Erstaunen.

«Es wäre sehr bedauerlich», fuhr sie fort, «und gar nicht im Sinne Mrs. Wheelers, wenn ihr ganzes Vermögen an ihren Sohn fiele.»

Es war das erste Mal, dass ich – oder, wenn ich recht sehe, sonst irgendwer – einen Hinweis auf einen Sohn von Mrs. Wheeler erhielt. Allein daran sieht man, wie zurückhaltend sie immer gewesen ist und wie überaus loyal Miss Dalrymple als ihre Gesellschafterin war, dass sie über diese Sache nie mit ihren Freunden im Dorf gesprochen hat.

«Ihren Sohn, Miss Dalrymple?» fragte ich. «Was meinen Sie damit?» Da erzählte sie mir alles über ihn.

It appeared that Mrs Wheeler had a son who, as is, I am afraid, so often the case with the children of the most excellent, religious people, had turned out very badly indeed. It crossed my mind that perhaps young Charles Wheeler – that was his name, apparently – took after his father, but this was really very uncharitable of me, for, of course, I knew nothing whatever about the late Mr Wheeler except that he had made a great deal of money, and that, after all, was nothing against his character – rather the reverse. At all events, as the result of his misconduct (and although Miss Dalrymple, most properly, entered into no *details*, I gathered that it had been very grave indeed), the young man had for many years entirely cut himself off from his family. Miss Dalrymple did not so much as know where he was living, except that it was somewhere abroad, and the only communication that his mother had received from him recently was an application for money a little time before she was taken ill, which she had, of course, refused to consider in any way.

And now there was a possibility of Mrs Wheeler's money being diverted to this wicked person, to be turned by him to the most disreputable purposes! I could well understand Miss Dalrymple's agitation at such a thing, although I may as well admit that I did not *wholly* credit her assertion that she was not thinking at all of her own prospects, because, after all, we are all *human*. Speaking for myself, I felt particularly alarmed when I reflected that Mrs Wheeler's property included the right of presentation to our living and that this might well fall into the hands of an outright rascal.

I was sadly perplexed in my mind as to what advice I should give Miss Dalrymple on this difficult question, for though I am always prepared to listen to other

Es stellte sich heraus, dass Mrs. Wheeler einen Sohn hatte, der, wie es bei Kindern besonders guter, frommer Menschen häufig vorkommt, völlig missraten war. Es ging mir durch den Kopf, ob der junge Charles Wheeler – so hieß er anscheinend – vielleicht nach seinem Vater geraten war, aber das war nun wahrhaftig nicht schön von mir, denn natürlich war mir über den verstorbenen Mr. Wheeler überhaupt nichts bekannt, außer dass er eine Menge Geld verdient hatte, und das spricht ja schließlich nicht gegen ihn – im Gegenteil. Wie dem auch sei, das Fehlverhalten des jungen Mannes (das anscheinend sehr schwerwiegend war, auch wenn Miss Dalrymple verständlicherweise keine Einzelheiten nannte) hatte dazu geführt, dass er sich schon vor vielen Jahren ganz von seiner Familie lossagte. Miss Dalrymple wusste nicht einmal, wo er zur Zeit lebt, nur, dass er irgendwo im Ausland ist, und die einzige Nachricht, die seine Mutter in letzter Zeit von ihm bekommen hatte, kurz bevor sie krank wurde, war ein Ersuchen um Geld, auf das sie aber natürlich in keiner Weise einging.

Und nun war es gut möglich, dass Mrs. Wheelers Geld in die Taschen dieses Taugenichts floss, der es dann für seine nichtswürdigen Zwecke gebrauchen würde! Ich konnte verstehen, dass Miss Dalrymple sich deswegen aufregte, obwohl ich zugeben muss, dass ich ihr die Behauptung, sie denke dabei gar nicht an ihre eigene Zukunft, nicht ganz abnahm, denn wir sind ja alle nur Menschen. Was mich selbst betrifft, so bin ich heftig erschrocken, als mir klar wurde, dass mit Mrs. Wheelers Besitz auch das Recht verknüpft ist, unsere Pfarrstelle zu besetzen, und dass dieses Recht nun einem üblen Gesellen in die Hände fallen könnte.

Leider wusste ich überhaupt nicht, was ich Miss Dalrymple in dieser schwierigen Angelegenheit raten sollte, denn ich habe zwar für die Sorgen anderer Leute immer

people's troubles, and my friends have told me that I am a particularly good listener, giving advice is a responsibility which I do not care to undertake. At last it occurred to me to suggest that she should consult the vicar, who, from his position, was particularly suited to bring Mrs Wheeler to a sense of the danger which she was in, and who was himself really interested in the matter in another way. I mean, until this moment everybody regarded him as Mrs Wheeler's nearest relative, although presumably he was well aware of the existence of his ill-behaved cousin.

I could see that Miss Dalrymple did not altogether like the prospect of confiding in the vicar, but she agreed to think it over, and a little later she went home, feeling, I am sure, all the better for having had a good chat. There is, I think, nothing better than a good chat with the right sort of person to make you look on the bright side of things.

Next morning, as soon as I had breakfasted, I put on my hat and went round to the Hall to enquire. I had done this many times since Mrs Wheeler had been taken ill, of course, but on this occasion, though I am not, I trust, superstitious, I did feel a certain sense of foreboding as I did so. And sure enough, as I came round the bend in the drive, I saw that the blinds of the house had been drawn, and knew at once that our dear friend had passed away. I was about to turn round and go home again, when the front door opened and Miss Dalrymple came out. She saw me and came straight up towards me, so that, without feeling that I was in any way *intruding*, I was able to get the very first information about what had happened from her instead of having to rely upon village gossip, which is always rather undignified, in my opinion, and has

ein offenes Ohr, und meine Freunde sagen mir, ich könne wirklich gut zuhören, aber gute Ratschläge erteile ich nicht gern. Endlich fiel mir ein, dass sie sich doch an den Pfarrer wenden könnte, der auf Grund seines Amtes besonders geeignet war, Mrs. Wheeler auf die Gefahr hinzuweisen, in der sie sich befand, und dessen Interesse in dieser Angelegenheit ganz woanders lag. Bis dahin hatten wir ihn ja alle für Mrs. Wheelers nächsten Verwandten gehalten, obwohl er vermutlich von der Existenz seines nichtsnutzigen Vetters wusste.

Ich merkte, dass die Aussicht, sich dem Pfarrer anzuvertrauen, für Miss Dalrymple nicht übermäßig angenehm war, aber sie versprach, darüber nachzudenken. Bald darauf ging sie nach Hause, und ich war sicher, dass es ihr gut getan hatte, sich einmal auszusprechen. Ich finde, es geht nichts über ein offenes Gespräch mit der richtigen Person, um die Dinge wieder in ein freundlicheres Licht zu rücken.

Am nächsten Morgen, gleich nach dem Frühstück, setzte ich meinen Hut auf und ging hinüber zum Herrenhaus, um mich nach Mrs. Wheeler zu erkundigen. Ich hatte das seit ihrer Erkrankung natürlich schon oft getan, aber diesmal hatte ich auf meinem Gang – obwohl ich bestimmt nicht abergläubisch bin – so eine Art Vorahnung. Und tatsächlich, als ich um die Biegung der Auffahrt kam, sah ich, dass alle Vorhänge im Haus zugezogen waren, und sofort wusste ich, dass unsere liebe Freundin von uns gegangen war. Ich wollte schon kehrt machen und nach Hause gehen, da öffnete sich die Vordertür, und Miss Dalrymple kam heraus. Als sie mich sah, ging sie sofort auf mich zu, und so bekam ich, ohne das Gefühl haben zu müssen, ich hätte mich irgendwie aufgedrängt, die allerersten Informationen gleich von ihr und brauchte mich nicht auf den Dorfklatsch zu verlassen, was meiner Meinung nach immer ein bisschen würdelos ist und zusätzlich

the added disadvantage that one does not know what to believe!

Dear Mrs Wheeler, she told me, had taken a sudden turn for the worse at about two o'clock that morning. Dr Perry had been sent for immediately, of course, but he was out attending a maternity case, and in spite of all that Miss Dalrymple and the nurse could do, by the time that he arrived, which was not until nearly seven, all was over. The doctor had said that he could have done nothing had he been there in time, and I was glad to learn that the end had been altogether peaceful.

I dare say that I should not have been thinking of such things at such a moment, but, remembering our conversation of the evening before, I could not forbear saying, "Then I suppose poor Mrs Wheeler was never able to make a will after all?"

Then Miss Dalrymple told me her great news! It seemed that after the first seizure Mrs Wheeler had rallied and remained quite conscious and sensible for several hours. And during that time, knowing that her last hour had come, she had been able to make her will. By that will, Miss Dalrymple told me, she had bequeathed one thousand pounds to her nephew, the vicar, and the whole of the rest of her fortune to Miss Dalrymple herself!

I could hardly believe my ears. It really seemed too good to be true, and I congratulated her most warmly, but, I hope, with the solemnity that the occasion required. Still I found it difficult to credit that the story should have had so happy an ending.

"Forgive me for asking you," I said, "but are you quite sure that this is really so? Have you seen the will yourself?"

"Indeed, I have," she told me. "We sent for the

den Nachteil hat, dass man nie genau weiß, was man nun glauben soll.

Der Zustand der armen Mrs. Wheeler, sagte sie, habe sich gegen zwei Uhr früh plötzlich verschlechtert. Natürlich sei Dr. Perry sofort gerufen worden, aber er habe irgendwo Geburtshilfe leisten müssen, und obwohl Miss Dalrymple und die Schwester alles taten, was sie konnten – als er schließlich eintraf, etwa um sieben Uhr, sei alles schon vorüber gewesen. Der Doktor habe gesagt, er hätte da nichts machen können, auch wenn er früher gekommen wäre, und ich war beruhigt zu hören, dass sie ganz friedlich eingeschlafen ist.

Ich fürchte, dass ich in so einem Augenblick nicht an derartiges hätte denken sollen, aber ich erinnerte mich an unser Gespräch vom Vorabend und konnte deshalb nicht umhin zu fragen: «Die arme Mrs. Wheeler hat dann vermutlich keine Zeit mehr gehabt, ihr Testament zu machen?»

Und da erzählte mir Miss Dalrymple die große Neuigkeit! Anscheinend hatte sich Mrs. Wheeler nach ihrem ersten Anfall wieder erholt und war einige Stunden lang bei klarem Bewusstsein. Und da sie wusste, dass es mit ihr zu Ende ging, hat sie in diesem Zeitraum ihr Testament machen können. Darin hinterließ sie, sagte Miss Dalrymple, ihrem Neffen, dem Pfarrer, tausend Pfund, und ihr, Miss Dalrymple selbst, ihr ganzes übriges Vermögen!

Ich traute meinen Ohren nicht. Es schien fast zu schön, um wahr zu sein, und ich beglückwünschte sie sehr herzlich, aber dabei hoffentlich so ernst, wie es die Situation verlangte. Ich konnte es noch kaum fassen, dass die Geschichte einen so glücklichen Ausgang genommen hatte.

«Verzeihen Sie, wenn ich das frage», sagte ich, «aber sind Sie ganz sicher, dass das stimmt? Haben Sie das Testament selber gesehen?»

«Ja», sagte sie. «Wir haben natürlich den Pfarrer ge-

vicar, of course, as soon as we saw how gravely ill she was. The moment she recovered consciousness, she told him to write down what she wished. I saw her sign the paper, and then the vicar and I put our names underneath hers as witnesses."

When I had got as far as this in telling the story to my nephew John, he made a most peculiar noise, something between a snort and a laugh. Of course, with his knowledge, he saw at once what was wrong; but we are not all lawyers – thank goodness! – and neither Miss Dalrymple nor I had the least idea at the time that the will was anything but perfectly legal. Nor, I am sure, had poor Mrs Wheeler, unless the knowledge was vouchsafed to her in Heaven, in which case it must have made her very unhappy, if such a thing is possible in Heaven. But it is the fact, cruel and unfair though it may seem, that the law does not allow a will to be legal unless it is witnessed by two persons, and that neither of these two persons is allowed to have any benefit from the will which they have witnessed. So that, as John put it, the only two people in the world who could not receive any of Mrs Wheeler's money under her will were the vicar and Miss Dalrymple, the only two people whom she desired to give anything to! I said then, and I think still, that it is most unreasonable and a kind of trap for innocent people like companions and country clergy who could not be expected to know anything about the law, because, after all, who could be better suited to witness an old lady's will than her nephew and the woman who had looked after her for so many years? I think they should have thought of such things when the law was made, but I suppose it is too late to alter it now.

holt, als wir sahen, wie schlecht es mit ihr stand. Als sie dann zu sich kam, hat sie ihn gebeten, ihren letzten Willen niederzuschreiben. Ich sah, wie sie das Papier unterzeichnete, und dann setzten der Pfarrer und ich als Zeugen unsere Namen unter ihre Unterschrift.»

Als ich meinem Neffen John die ganze Geschichte erzählte und an diesen Punkt kam, machte er ein sonderbares Geräusch, halb spöttisches Schnaufen, halb Lachen. Mit seinem großen Wissen sah er natürlich sofort, wo da der Haken war; aber wir anderen sind ja – dem Himmel sei Dank! – keine Juristen, und weder Miss Dalrymple noch ich konnten ahnen, dass dieses Testament nicht rechtskräftig war. Die arme Mrs. Wheeler sicher auch nicht, es sei denn, sie hätte im Himmel davon erfahren, worüber sie sicher sehr unglücklich gewesen wäre, falls das im Himmel möglich ist. Es ist aber tatsächlich so, auch wenn einem das grausam und unfair vorkommt, dass ein Testament laut Gesetz nur dann gültig ist, wenn zwei Zeugen es unterschrieben haben, und diese beiden dürfen aus dem Testament, das sie unterschrieben haben, keinen Vorteil ziehen. Das heißt, wie John es formulierte, dass von allen Menschen auf der Welt nur der Pfarrer und Miss Dalrymple nichts von Mrs. Wheelers Geld bekommen können – ausgerechnet die beiden, denen sie etwas vermachen wollte! Darauf sagte ich, und ich denke immer noch so, das sei doch sehr ungerecht und geradezu eine Falle für unschuldige Menschen wie Gesellschafterinnen und Landpfarrer, von denen man nicht erwarten kann, dass sie solche Rechtsdinge verstehen, denn wer wäre besser geeignet, als Zeugen den letzten Willen einer alten Dame zu unterschreiben als deren Neffe und die Frau, die sich jahrelang um sie gekümmert hat? Ich finde, das hätte man bedenken müssen, als dieses Gesetz gemacht wurde, aber jetzt ist es wahrscheinlich zu spät, um noch etwas daran zu ändern.

Of course, neither Miss Dalrymple nor I knew anything of this at the time, but we were speedily undeceived. The day after the funeral she came to see me in great distress and told me that she had been to consult a lawyer as to what was to be done about Mrs Wheeler's estate, and he had told her that by witnessing the will she and the vicar had signed away all their inheritance. She told me also that the vicar had called upon her and expressed his sorrow that his ignorance had led to her losing the reward of her long years of service, not to mention his own thousand pounds, which he admitted was a serious matter for him, for the living was not a good one.

After that Miss Dalrymple left the village, and I understand she secured another post with a lady at Cheltenham, where she was not well paid, and where, I am afraid, she was anything but happy. Meanwhile we in the village awaited the dreadful moment when Mr Charles Wheeler would descend upon us to take possession of the property which had in this strange way become his after all. A week or more went by, and then we heard the great and unexpected news. I had it first from Mrs Tomlin, at the post office; and although I always suspect anything from that source, it was soon afterwards confirmed by the vicar himself. It appeared that as soon as it was established that the will was of no effect, the vicar had enquiries made for the whereabouts of the son, and these enquiries had met with a speedy and most unhoped result. Charles Wheeler was no more! He had perished, very miserably, I am sorry to say, in some foreign town, quite soon after his last letter to his mother asking for assistance. The vicar had been shown

Anfangs wussten natürlich weder Miss Dalrymple noch ich etwas davon, aber wir wurden schon bald aufgeklärt. Am Tag nach der Beerdigung kam sie ganz außer sich zu mir und sagte, sie sei bei einem Anwalt gewesen, um zu erfahren, was mit Mrs. Wheelers Besitz geschehen solle, und er habe ihr gesagt, sie und der Pfarrer hätten dadurch, dass sie das Testament unterschrieben haben, ihre Erbschaft eingebüßt. Außerdem sagte sie mir, der Pfarrer sei bei ihr gewesen und habe sein tiefes Bedauern darüber geäußert, dass sie auf Grund seiner Unwissenheit den Lohn für viele Jahre treuer Dienste verloren habe, ganz zu schweigen von seinen eigenen tausend Pfund, die für ihn keine Kleinigkeit seien, da seine Pfarrstelle schlecht bezahlt werde.

Danach verließ Miss Dalrymple unser Dorf und nahm, wie ich hörte, eine Stelle bei einer Dame in Cheltenham an, wo sie nicht gut bezahlt wurde und leider alles andere als glücklich war. Inzwischen warteten wir im Dorf auf den schrecklichen Tag, an dem Mr. Charles Wheeler bei uns auftauchen würde, um den Besitz zu übernehmen, der ihm am Ende auf so merkwürdige Weise zugefallen war. Ein oder zwei Wochen vergingen, und dann erfuhren wir die große und verblüffende Neuigkeit. Ich hörte sie zuerst von Mrs. Tomlin im Postamt; und obwohl ich alles, was aus dieser Quelle stammt, mit Vorsicht behandle, kam wenig später die Bestätigung vom Pfarrer persönlich. Offenbar hatte der Pfarrer, nachdem sich herausgestellt hatte, dass das Testament unwirksam war, Erkundigungen nach dem Verbleib des Sohnes angestellt, und diese Erkundigungen führten sehr schnell zu einem unerwarteten Ergebnis. Charles Wheeler lebte nicht mehr! Er war in irgendeiner Stadt im Ausland ziemlich elend gestorben, was ich bedaure, und zwar schon bald nachdem er seiner Mutter ein letztes Mal geschrieben und sie um Unterstützung gebeten hatte. Der Pfarrer hatte diesen Brief seinerzeit

that letter at the time, and he told me that in it he had stated that he was dangerously ill. It was the vicar who had counselled Mrs Wheeler not to reply to it, thinking that the statement of his condition was only a ruse to get more money from the mother who had cast him off; and he said, very generously as I thought at the time, that he now regretted that he had not allowed his aunt to take measures which might have prolonged the unfortunate man's life a little longer. But I told him that although the sentiment did him credit, it was much better as it was, and I remember that I went so far as to say that the death of Charles Wheeler might be accounted a providential event.

So after all the vicar, as the only living relative of his aunt, came into all her possessions, and we were all so pleased at this happy turn of events that I am afraid we had very little thought to spare for poor Miss Dalrymple, who, after all, was the person whom Mrs Wheeler had mainly had in mind. And the vicar was so popular in the village – except, of course, with old Judd and people of his stamp – that there was no one who did not rejoice in his good fortune. Indeed, and this is my great difficulty at the present moment, he is still just as popular as ever, simply because nobody, myself only excepted, knows the *truth*.

Just over a week ago I spent a night in London with my brother and sister-in-law, a thing I do very rarely, except when the summer sales are in progress. They took me to the theatre that evening, I remember – it was a most amusing piece, but I do not recollect the name – and invited to join the party a Mr Woodhouse, whom I had never

zu sehen bekommen, in dem, wie er mir sagte, der Sohn mitteilte, dass er schwer krank war. Der Pfarrer selbst hatte Mrs. Wheeler geraten, darauf nicht zu antworten, da er annahm, der Hinweis auf die schlechte Gesundheit sei nur ein Vorwand, um mehr Geld von seiner Mutter zu bekommen, die sich von ihm abgewandt hatte; und er sagte, was ich damals sehr anständig von ihm fand, es tue ihm jetzt leid, verhindert zu haben, dass seine Tante etwas unternahm, das das Leben dieses Unglücklichen vielleicht ein wenig verlängert hätte. Darauf erklärte ich ihm, dass ihn diese Einstellung zwar ehre, aber es sei doch besser so, wie es gekommen war, und ich weiß noch, dass ich so weit ging zu behaupten, der Tod des Charles Wheeler sei von Gott gewollt gewesen.

So erbte also doch letzten Endes der Pfarrer als der einzige noch lebende Verwandte seiner Tante deren gesamten Besitz, und wir freuten uns alle so sehr über diese glückliche Wendung der Dinge, dass wir, wie ich leider sagen muss, die arme Miss Dalrymple fast völlig vergaßen, obwohl doch sie diejenige war, an die Mrs. Wheeler in erster Linie gedacht hatte. Und der Pfarrer war im Dorf so beliebt – außer natürlich beim alten Judd und den Leuten von seinem Schlag –, dass es niemanden gab, der sich nicht über sein Glück freute. Tatsächlich ist der Pfarrer heute so beliebt wie eh und je – und gerade das ist gegenwärtig mein großes Problem, denn außer mir kennt niemand die Wahrheit.

Vor etwas mehr als einer Woche übernachtete ich bei meinem Bruder und seiner Frau in London, was nicht oft vorkommt, nur wenn der Sommerschlussverkauf im Gang ist. An diesem Abend nahmen sie mich mit ins Theater – es war ein sehr lustiges Stück, aber den Titel habe ich vergessen –, und sie luden noch einen Mr. Woodhouse dazu ein, dem ich bis dahin nicht begegnet war. In der

met before. During the interval, between the acts, he asked me where I lived and, when I told him, said, "Then I suppose you know Mr – " (mentioning the vicar by name).

"Indeed I do," I told him, and was about to go on to tell him something of the strange story of Mrs Wheeler's will when he interrupted me.

"I was up with him at Oxford," he said. "A very clever fellow, I thought him."

"He is a very *good* man," I answered with some emphasis, "and I think that is more important." One does not somehow like to hear one's vicar described as "a very clever fellow", even if it is kindly meant.

"Oh, but he is clever too," Mr Woodhouse persisted. "I remember he took a first-class honours degree in Law the year I graduated."

I was thunderstruck.

"In Law, Mr Woodhouse?" I said. "Are you sure that you are not mistaken?"

"Quite sure," he said. "He was intended for the Bar, you know, but he changed his mind and went into the Church instead. Rather a waste of a good intellect, I thought."

Luckily the curtain rose for the next act before I could ask him what he meant by his last very improper observation, and I took good care not to refer to the subject again.

All the way down in the train next day I could think of nothing but what Mr Woodhouse had told me. If the vicar had really studied the law at Oxford how was it possible that he had made such a mistake as he had done about witnessing the will? I tried to comfort myself by reflecting that he might have forgotten this particular point, but it

Pause zwischen zwei Akten fragte er mich, wo ich wohnte, und als ich es ihm sagte, bemerkte er: «Dann kennen Sie doch sicherlich Mr...» (und nannte den Namen des Pfarrers).

«Ja, ich kenne ihn», bestätigte ich und wollte ihm schon von dem sonderbaren Vorfall mit Mrs. Wheelers Testament erzählen, als er mich unterbrach.

«Wir waren zusammen in Oxford», sagte er. «Ich muss sagen, ein wirklich schlauer Bursche.»

«Er ist ein wirklich guter Mensch», erwiderte ich mit Nachdruck, «und das ist doch wichtiger.» Irgendwie mag man sich nicht gern sagen lassen, der eigene Pfarrer sei «ein sehr schlauer Bursche», auch wenn es freundlich gemeint ist.

«Ja, aber schlau ist er auch», beharrte Mr. Woodhouse. «Ich erinnere mich, dass er im selben Jahr, als ich fertig wurde, ein Einser-Examen in Jura machte.»

Ich war wie vom Donner gerührt.

«In Jura, Mr. Woodhouse?» fragte ich. «Irren Sie sich da ganz bestimmt nicht?»

«Bestimmt nicht», sagte er. «Er wollte eigentlich Anwalt werden, aber dann überlegte er es sich anders und wurde Pfarrer. Eine ziemliche Verschwendung seiner Talente, dachte ich damals.»

Zum Glück ging der Vorhang hoch, bevor ich ihn fragen konnte, was er mit dieser ungehörigen Bemerkung meinte, und ich vermied es später, auf das Thema zurückzukommen.

Als ich am nächsten Tag mit dem Zug nach Hause fuhr, musste ich die ganzer Zeit an das denken, was mir Mr. Woodhouse erzählt hatte. Wenn es stimmte, dass unser Pfarrer in Oxford Jura studiert hatte, wie war es dann möglich, dass er bei den Unterschriften unter das Testament einen solchen Fehler machen konnte? Ich versuchte mich mit dem Gedanken zu beruhigen, dass er diese Einzelheit

seemed hardly possible, and indeed John has told me since that it is one of the "first principles" of the Law of Wills – though why they should make a first principle of anything so unjust and cruel I do not in the least understand. But if he knew that by becoming a witness Miss Dalrymple was losing her right to Mrs Wheeler's property, however hostile to her he may have felt, why had he been content to destroy his own chances of getting a thousand pounds also? It was all most puzzling and mysterious, and I made up my mind, come what might, to speak to him at the very first opportunity. And that opportunity came last Sunday, after matins.

I still blush when I think of it – not for myself, for I feel that I only obeyed my conscience in saying what I did, but for him. His effrontery was so astonishing. I can recall – I do not think I shall ever forget – exactly what passed between us.

I met him, as I said, just as he was coming out of the vestry door after the service. He said "Good morning" to me, and I responded as politely as I could.

Then I said, "I met an old acquaintance of yours in London, Vicar, a Mr Woodhouse."

"Oh, yes, Woodhouse," he replied. "I haven't seen him for a very long time."

I resolved not to beat about the bush.

"He told me", I said, "that you had studied the law at Oxford, and were awarded first-class honours for your proficiency."

He did not show the least confusion, but merely said, "It is pleasant to have one's little triumphs remembered."

vielleicht vergessen hatte, aber das war unwahrscheinlich, und auch John hat mir später bestätigt, es handle sich da um eine «Grundregel» des Erbrechts – obwohl es mir nicht in den Kopf will, wie man etwas so Ungerechtes und Grausames zu einer Grundregel machen kann. Aber wenn er doch wusste, dass Miss Dalrymple – so unsympathisch sie ihm auch gewesen sein mag –, ihren Anspruch auf eine Erbschaft verlieren würde, wenn sie Mrs. Wheelers Testament als Zeugin unterschrieb – warum nahm er dann zugleich in Kauf, dass er seine eigene Chance, tausend Pfund zu bekommen, verwirkte? Das war alles ganz unbegreiflich und rätselhaft, und ich nahm mir vor, bei der ersten Gelegenheit mit ihm darüber zu sprechen, komme was wolle. Und diese Gelegenheit bot sich am letzten Sonntag nach der Morgenandacht.

Ich schäme mich jetzt noch, wenn ich daran denke – nicht für mich, denn ich meine, dass ich bei dem, was ich sagte, nur meinem Gewissen folgte, sondern für ihn. Seine Unverfrorenheit war einfach unglaublich. Ich erinnere mich genau – und ich werde es wohl niemals vergessen – an die Worte, die zwischen uns gewechselt wurden.

Ich traf ihn, wie gesagt, nach dem Gottesdienst, als er gerade aus der Sakristei kam. Er wünschte mir Guten Morgen, und ich antwortete so höflich wie ich konnte.

Dann sagte ich: «Ich habe in London einen alten Bekannten von Ihnen getroffen, einen Mr. Woodhouse.»

«Ach ja, Woodhouse», entgegnete er. «Den habe ich schon ewig nicht mehr gesehen.»

Ich beschloss, nicht lange herum zu reden.

«Er hat mir erzählt», sagte ich, «Sie hätten in Oxford Jura studiert und wegen Ihrer besonderen Fähigkeiten ein Examen mit Eins gemacht.»

Er ließ sich nicht aus der Ruhe bringen und sagte nur: «Wie schön, wenn man an seine bescheidenen Erfolge erinnert wird.»

"Then did you not know," I pressed him, "that Miss Dalrymple ought not to have witnessed that will?"

"Ought not, Miss Burnside?" he asked. "I should prefer to say that Mrs Wheeler ought not to have tried to dispose of her property in the way that she did."

I could hardly speak for indignation.

"Then you deliberately so arranged matters that Miss Dalrymple should lose what Mrs Wheeler wished her to have?" I said.

"I did."

"Even at the cost of losing your own legacy?"

"But you see, I have not lost it," he answered with a smile, and then I suddenly saw the light.

"Vicar!" I said. "You knew all the time that Charles Wheeler was dead!"

He nodded.

"I had a telegram from the British Consul informing me of his death some months ago," he said. "In view of my aunt's state of health I thought it wiser to keep the news from her. Do you blame me?"

I was so angry that I am afraid I lost all respect for his cloth.

"Blame you?" I said. "I think you have behaved like a common thief!"

And then he used those awful words that I have already mentioned: "Well, Miss Burnside, and what are you going to do about it?"

What indeed! Tomorrow it is Sunday again. I know that my absence from church would cause the most *undesirable* talk in the place, but yet I feel as if, so long as he is vicar, dear

« Wussten Sie denn nicht », hakte ich nach, « dass Miss Dalrymple dieses Testament nicht hätte unterschreiben dürfen? »

« Sie hätte nicht unterschreiben dürfen, Miss Burnside? » erwiderte er. « Ich würde eher sagen, dass Mrs. Wheeler nicht hätte versuchen dürfen, ihren Besitz in der Weise aufzuteilen, wie sie es getan hat. »

Vor Empörung brachte ich kaum ein Wort heraus.

« Dann haben sie es also absichtlich so eingefädelt, dass Miss Dalrymple verlieren musste, was Mrs. Wheeler ihr zugedacht hatte? » frage ich.

« Ja. »

« Auch wenn Sie dabei Ihren eigenen Anteil verlieren? »

« Aber den habe ich ja nicht verloren », entgegnete er lächelnd, und da ging mir ein Licht auf.

« Herr Pfarrer ! » rief ich. « Sie wussten also die ganze Zeit, dass Charles Wheeler tot war ! »

Er nickte.

« Der britische Konsul teilte mir vor einigen Monaten in einem Telegramm mit, dass er gestorben sei », sagte er. « Angesichts des Gesundheitszustands meiner Tante hielt ich es für besser, ihr davon nichts zu sagen. Machen Sie mir daraus einen Vorwurf? »

Ich fürchte, ich war so wütend, dass ich jeden Respekt vor seinem Amt vergaß.

« Vorwurf? » rief ich. « Ich finde, Sie haben sich wie ein gemeiner Dieb verhalten ! »

Und dann sagte er diese furchtbaren Worte, die ich schon erwähnt habe: « Na und, Miss Burnside, was gedenken Sie deswegen zu unternehmen? »

Ja, was nur ! Morgen ist wieder Sonntag. Ich weiß genau, dass es unliebsames Gerede gäbe, wenn ich der Kirche fernbliebe, aber in meinem Herzen fühle ich, dass meine gute St. Etheldreda nie wieder sein wird, was sie mir einmal

St Etheldreda's can never be the same place for me again. The Hall is up for sale and I hear dreadful rumours that it is to be bought by a *builder*. All our pleasant life in this village is at an end, so far as I am concerned. I wish somebody would answer that question for me: What am I going to do?

war, solange er hier Pfarrer ist. Das Herrenhaus steht zum Verkauf, und ich habe ein schreckliches Gerücht gehört, dass ein Bauunternehmer es kaufen will. Was mich betrifft, so ist es mit dem schönen Leben in unserem Dorf vorbei. Ich wünschte, irgend jemand würde mir die Frage beantworten: Was soll ich nur tun?

Margery Allingham: Three is a Lucky Number

At five o'clock on a September afternoon Ronald Frederick Torbay was making preparations for his third murder. He was being very wary, forcing himself to go slowly because he was perfectly sane and was well aware of the dangers of carelessness.

A career of homicide got more chancy as one went on. That piece of information had impressed him as being true as soon as he had read it in a magazine article way back before his first marriage. Also, he realized, success was liable to go to a man's head, so he kept a tight hold on himself. He was certain he was infinitely more clever than most human beings but he did not dwell on the fact and as soon as he felt the old thrill at the sense of his power welling up inside him, he quelled it firmly.

For an instant he paused, leaning on the rim of the wash-basin, and regarded himself thoughtfully in the shaving glass of the bathroom in the new villa he had hired so recently.

The face which looked at him was thin, middle-aged, and pallid. Sparse dark hair receded from its high narrow forehead and the well-shaped eyes were blue and prominent. Only the mouth was really unusual. That narrow slit, quite straight, was almost lipless and, unconsciously, he persuaded it to relax into a half smile. Even Ronald Torbay did not like his own mouth.

A sound in the kitchen below disturbed him and he straightened his back hastily. If Edyth had finished her ironing she would be coming up to take her long discussed bubble-bath before he

Margery Allingham: Drei ist eine Glückszahl

Um fünf Uhr an einem Nachmittag im September traf Ronald Frederick Torbay die Vorbereitungen für seinen dritten Mord. Er war dabei sehr umsichtig und zwang sich, langsam vorzugehen, denn sein Verstand war klar, und es war ihm bewusst, wie gefährlich Unachtsamkeit werden konnte.

Die Laufbahn eines Mörders barg um so mehr Risiken, je länger sie währte. Die Richtigkeit dieser Feststellung hatte ihm sofort eingeleuchtet, als er sie in einer Zeitschrift las, lange vor seiner ersten Eheschließung. Auch war ihm bewusst, dass einem der Erfolg leicht zu Kopfe steigt, und daher übte er strenge Selbstdisziplin. Er war davon überzeugt, weit intelligenter zu sein als die meisten anderen Menschen, aber darüber dachte er nie lange nach, und sobald sich das berauschende Machtgefühl wieder in ihm regte, unterdrückte er es energisch.

Er machte eine kleine Pause und betrachtete sich, auf den Rand des Waschbeckens gestützt, nachdenklich im Rasierspiegel des Badezimmers in dem neuen Einfamilienhaus, das er erst vor kurzem gemietet hatte.

Das nicht mehr junge Gesicht, das ihm entgegensah, war schmal und blass. Das Haar war schütter und ließ eine hohe Stirn frei, und die Augen waren auffallend blau und gut geschnitten. Nur der Mund war wirklich sonderbar. Dieser schmale, vollkommen gerade Schlitz war fast ohne Lippen, und unbewusst verzog er ihn zu einem schiefen Lächeln. Ronald Torbay mochte seinen eigenen Mund nicht.

Ein Geräusch von unten aus der Küche beunruhigte ihn, und er richtete sich rasch auf. Vermutlich war Edyth mit dem Bügeln fertig, aber sie durfte auf keinen Fall heraufkommen, um ihr Schaumbad zu nehmen, von dem sie so

had prepared it for her and that would never do. He waited, holding his breath, but it was all right: she was going out of the back door. He reached the window just in time to see her disappearing round the side of the house into the small square yard which was so exactly like all the other square yards in the long suburban street. He knew that she was going to hang the newly pressed linen on the line to air and although the manoeuvre gave him the time he needed, still it irritated him.

Of the three homely middle-aged women whom so far he had persuaded first to marry him and then to will him their modest possessions, Edyth was proving easily the most annoying. If he had told her once not to spend so much time in the yard he had done it a dozen times in their six weeks of marriage. He hated her being out of doors alone. She was shy and reserved but now that new people had moved in next door there was the danger of some over-friendly woman starting up an acquaintance with her and that was the last thing to be tolerated at this juncture.

Each of his former wives had been shy. He had been very careful to choose the right type and felt he owed much of his success to it. Mary, the first of them, had met her fatal "accident" almost unnoticed in the bungalow on the housing estate very like the present one he had chosen but in the north instead of the south of England. At the time it had been a growing place, the coroner had been hurried, the police sympathetic but busy and the neighbours scarcely curious except that one of them, a junior reporter on a local paper, had written a flowery paragraph about the nearness of tragedy in the midst of joy, published a wedding day

oft gesprochen hatten, bevor alles dafür vorbereitet war. Er wartete mit angehaltenem Atem und lauschte, aber alles war in Ordnung: Sie ging gerade in den Garten hinaus. Vom Fenster aus sah er eben noch, wie sie um die Ecke bog und in dem kleinen Geviert hinter dem Haus verschwand, das genau so aussah wie alle Gärtchen in dieser langen Reihe von Wohnhäusern. Er wusste, dass sie die frisch gemangelte Wäsche zum Lüften aufhängen wollte, und obwohl er dadurch die nötige Zeit gewann, war er doch verärgert.

Von den drei unscheinbaren Frauen mittleren Alters, die er bisher dazu gebracht hatte, ihn zu heiraten und dann zum Erben ihres bescheidenen Besitzes zu machen, bereitete ihm Edyth den meisten Ärger. In den sechs Wochen ihrer Ehe hatte er ihr bestimmt schon hundertmal gesagt, sie solle nicht so oft in den Garten gehen. Er mochte es nicht, wenn sie allein draußen war. Sie war zwar schüchtern und zurückhaltend, aber nachdem nebenan neue Leute eingezogen waren, bestand die Gefahr, dass eine aufdringliche Nachbarin sich mit ihr anfreundete, und das konnte er zu diesem Zeitpunkt auf keinen Fall zulassen.

Seine zwei früheren Frauen waren schüchtern gewesen. Er war immer darauf bedacht, den richtigen Typus zu finden, und darauf war nach seiner Überzeugung ein Großteil seines Erfolgs zurückzuführen. Als Mary, seine erste, im Haus tödlich «verunglückte», nahm fast niemand in ihrem Wohnviertel, das dem jetzigen sehr ähnlich war, nur dass es im Norden anstatt in Südengland lag, davon Notiz. Der Ort dehnte sich damals rasch aus, der Leichenbeschauer hatte es eilig, die Polizei war mitfühlend, aber überlastet, die Nachbarn kaum interessiert, mit Ausnahme eines jungen Mannes, der Reporter bei der Lokalzeitung war und ein paar blumige Zeilen über das enge Nebeneinander von Tragik und Glück veröffentlichte, zusammen mit einem Hochzeitsfoto, und zwar, in typisch

snapshot and had entitled the article with typical northern understatement "Honeymoon Mishap".

Dorothy's brief excursion into his life and abrupt exit from it and her own, had given him a little more bother but not much. She had deceived him when she had told him she was quite alone in the world and the interfering brother who had turned up after the funeral to ask awkward questions about her small fortune might have been a nuisance if Ronald had not been very firm with him. There had been a brief court case which Ronald had won handsomely and the insurance had paid up without a murmur.

All that was four years ago. Now, with a new name, a newly invented background and a fresh area in which to operate, he felt remarkably safe.

From the moment he had first seen Edyth, sitting alone at a little table under the window in a seaside hotel dining-room, he had known that she was to be his next subject. He always thought of his wives as "subjects". It lent his designs upon them a certain pseudo-scientific atmosphere which he found satisfying.

Edyth had sat there looking stiff and neat and a trifle severe but there had been a secret timidity in her face, an unsatisfied, half frightened expression in her short-sighted eyes and once, when the waiter said something pleasant to her, she had flushed nervously and had been embarrassed by it. She was also wearing a genuine diamond brooch. Ronald had observed that from right across the room. He had an eye for stones.

That evening in the lounge he had spoken to her, had weathered the initial snub, tried again and, finally, had got her to talk. After that the ac-

nordenglischer Untertreibung, mit der Überschrift «Missgeschick in den Flitterwochen».

Dorothys kurzer Eintritt in sein Dasein und ihr plötzlicher Abgang aus seinem und ihrem Leben hatte ihm ein wenig, aber nur ein klein wenig mehr Ärger bereitet. Sie hatte gelogen, als sie ihm sagte, sie sei ganz allein auf der Welt, und der lästige Bruder, der nach der Beerdigung auftauchte und unangenehme Fragen wegen ihres bescheidenen Vermögens stellte, hätte zum Problem werden können, wenn Ronald ihn nicht sehr hart angepackt hätte. Es war zu einem kurzen Gerichtsverfahren gekommen, in dem Ronald obsiegte, und die Versicherung hatte ohne Murren ausbezahlt.

Das war vor vier Jahren gewesen. Inzwischen hatte er sich einen neuen Namen und eine neue Identität zugelegt und eine neue Region für seine Tätigkeit gesucht, so dass er sich ausgesprochen sicher fühlte.

Schon als er Edyth zum ersten Mal sah, in einem Hotel am Meer, wo sie im Speisesaal allein an einem Tischchen am Fenster saß, wusste er, dass sie sein nächstes Objekt sein würde. Seine Frauen waren für ihn stets «Objekte». Das gab dem, was er mit ihnen vorhatte, einen gewissen Anschein von Wissenschaftlichkeit, und das gefiel ihm.

So wie Edyth dasaß, hatte sie steif und pedantisch und ein wenig streng gewirkt, aber ihr Gesicht verriet heimliche Scheu, in ihren kurzsichtigen Augen lag ein Ausdruck von Unzufriedenheit, fast Ängstlichkeit, und einmal, als der Kellner etwas Nettes zu ihr sagte, errötete sie nervös und war befangen. Übrigens trug sie eine echte Diamantenbrosche. Ronald hatte das vom anderen Ende des Saales aus sofort bemerkt. Er hatte einen Blick für Edelsteine.

Am selben Abend hatte er sie in der Halle angesprochen, hatte die anfängliche Abweisung geschluckt, es nochmals versucht und sie schließlich zum Reden gebracht. Danach

quaintance had progressed just as he had expected. His methods were old-fashioned and heavily romantic and within a week she was hopelessly infatuated.

From Ronald's point of view her history was even better than he could have hoped. After teaching in a girls' boarding school for the whole of her twenties she had been summoned home to look after her recluse of a father whose long illness had monopolized her life. Now at forty-three she was alone, comparatively well off and as much at sea as a ship without a rudder.

Ronald was careful not to let her toes touch the ground. He devoted his entire attention to her and exactly five weeks from the day on which they first met, he married her at the registry office of the town where they were both strangers. The same afternoon they each made wills in the other's favour and moved into the villa which he had been able to hire cheaply because the holiday season was at an end.

It had been the pleasantest conquest he had ever made. Mary had been moody and hysterical, Dorothy grudging and suspicious but Edyth had revealed an unexpected streak of gaiety and, but for her stupidity in not realizing that a man would hardly fall romantically in love with her at first sight, was a sensible person. Any other man, Ronald reflected smugly, might have made the fatal mistake of feeling sorry for her, but he was "above" all that, he told himself, and he began to make plans for what he described in his own mind rather grimly as "her future".

Two things signed her death warrant earlier than had been his original intention. One was her obstinate reticence over her monetary affairs and the other was her embarrassing interest in his job.

On the marriage certificate Ronald had described

hatte sich ihre Bekanntschaft erwartungsgemäß entwickelt. Sein Vorgehen war altmodisch und sehr romantisch, und nach einer Woche war sie hoffnungslos verliebt.

Aus Ronalds Sicht war ihr bisheriges Leben besser verlaufen, als er es zu hoffen gewagt hätte. Nachdem sie bis Ende zwanzig Lehrerin in einem Mädchenpensionat gewesen war, wurde sie nach Hause beordert, um sich um ihren eigenbrötlerischen Vater zu kümmern, der dann ihr Leben mit seiner Krankheit jahrelang beherrschte. Jetzt war sie dreiundvierzig, einsam, finanziell recht gut gestellt und so ziellos wie ein Schiff ohne Ruder.

Ronald achtete darauf, dass sie weiterhin auf rosa Wolken schwebte. Er widmete ihr seine ganze Aufmerksamkeit, und genau fünf Wochen nach ihrer ersten Begegnung heiratete er sie im Standesamt der Stadt, in der sie beide unbekannt waren. Noch am selben Nachmittag setzten sie sich testamentarisch gegenseitig zu Erben ein und zogen in das geräumige Haus, das er, da die Urlaubssaison zu Ende ging, preiswert hatte mieten können.

Es war die erfreulichste Eroberung, die er je gemacht hatte. Mary war launisch und hysterisch gewesen, Dorothy geizig und misstrauisch, aber Edyth legte ein unerwartet heiteres Wesen an den Tag, und wenn man davon absieht, dass sie dumm genug war zu glauben, ein Mann könne sich Hals über Kopf in sie verlieben, war sie eine vernünftige Person. Jeder andere Mann, dachte Ronald selbstgefällig, hätte vielleicht den schweren Fehler gemacht, sie zu bedauern, aber er «stand über den Dingen», wie er meinte, und fing an, Pläne für das zu entwerfen, was er im Geiste zynisch «ihre Zukunft» nannte.

Zwei Dinge waren es, die ihr Schicksal schneller besiegelten, als er erwartet hatte. Das eine war ihr beharrliches Schweigen über ihre Geldangelegenheiten, und das andere war ihr aufdringliches Interesse an seiner Arbeit.

Auf der Heiratsurkunde hatte Ronald sich als Geschäfts-

himself as a salesman and the story he was telling was that he was a junior partner in a firm of cosmetic manufacturers who were giving him a very generous leave of absence. Edyth accepted the statement without question, but almost at once she had begun to plan a visit to the office and the factory, and was always talking about the new clothes she must buy so as not to "disgrace him". At the same time she kept all her business papers locked in an old writing-case and steadfastly refused to discuss them however cautiously he raised the subject. Ronald had given up feeling angry with her and decided to act.

He turned from the window, carefully removed his jacket and began to run the bath. His heart was pounding, he noticed, frowning. He wished it would not. He needed to keep very calm.

The bathroom was the one room they had repainted. Ronald had done it himself soon after they had arrived and had put up the little shelf over the bath to hold a jar of bath salts he had bought and a small electric heater of the old-fashioned two-element type, which was cheap but white like the walls and not too noticeable. He leant forward now and switched it on and stood looking at it until the two bars of glowing warmth appeared. Then he turned away and went out on to the landing, leaving it alight.

The fuse box which controlled all the electricity in the house was concealed in the bottom of the linen cupboard at the top of the stairs. Ronald opened the door carefully and using his handkerchief so that his fingerprints should leave no trace pulled up the main switch. Back in the bathroom the heater's glow died away; the bars were almost

mann ausgegeben und ihr so eine Geschichte erzählt, dass er Juniorpartner in einer Firma für Kosmetikartikel sei, die ihm großzügigen Urlaub gewährt habe. Edyth glaubte ihm diese Darstellung ohne weiteres, aber sie hatte schon bald damit angefangen, einen Besuch in seinem Büro und der Fabrik zu planen, und redete ständig davon, sich etwas Neues zum Anziehen kaufen zu müssen, um ihm « keine Schande zu machen ». Zugleich hielt sie all ihre geschäftlichen Papiere in einer alten Schreibmappe verschlossen und weigerte sich hartnäckig, darüber zu sprechen, wenn er, noch so vorsichtig, die Sprache darauf brachte. Ronald hatte beschlossen, sich nicht mehr über sie zu ärgern, sondern zu handeln.

Er wandte sich vom Fenster ab, zog bedächtig sein Jackett aus und ließ das Badewasser ein. Missmutig stellte er fest, dass sein Herz heftig pochte. Das sollte es besser nicht tun, denn er musste jetzt Ruhe bewahren.

Das Badezimmer war der einzige Raum im Haus, den sie renoviert hatten. Ronald hatte das kurz nach ihrem Einzug selbst gemacht und dabei über der Wanne eine kleine Konsole angebracht, auf der das Glas mit Badesalz stand, das er für sie gekauft hatte, und ein altmodischer kleiner Heizstrahler mit zwei elektrischen Heizstäben, der zwar nicht viel gekostet hatte, aber dafür weiß und unauffällig war. Er beugte sich nun vor, schaltete ihn ein und sah zu, wie die beiden Stäbe warm zu glühen begannen. Dann drehte er sich um und trat hinaus auf den Treppenabsatz. Das Gerät ließ er eingeschaltet.

Der Sicherungskasten für sämtliche Leitungen im Haus war unten im Wäscheschrank am oberen Ende der Treppe verborgen. Ronald öffnete behutsam die Tür und legte den Hauptschalter um, wobei er ein Taschentuch benutzte, um keine Fingerabdrücke zu hinterlassen. Im Badezimmer verloschen die Heizstäbe, und als er wieder eintrat, waren sie schon fast schwarz. Fachmännisch be-

black again by the time he returned. He eyed the slender cabinet approvingly and then, still using the handkerchief, he lifted it bodily from the shelf and lowered it carefully into the water, arranging it so that it lay at an angle over the waste plug, close to the foot where it took up practically no room at all. The white flex ran up over the porcelain side of the bath, along the skirting board, under the door and into the wall socket, just outside on the landing.

When he had first installed the heater Edyth had demurred at this somwhat slipshod arrangement, but when he had explained that the local Council was stupid and fussy about fitting wall sockets in bathrooms since water was said to be a conductor she had compromised by letting him run the flex under the lino where it was not so noticeable.

At the moment the heater was perfectly visible in the bath. It certainly looked as if it had fallen into its odd position accidentally but no one in his senses could have stepped into the water without seeing it. Ronald paused, his eyes dark, his ugly mouth narrower than ever. The beautiful simplicity of the main plan, so certain, so swiftly fatal and above all, so safe as far as he himself was concerned gave him a thrill of pleasure as it always did. He turned off the bath and waited, listening. Edyth was coming back. He could hear her moving something on the concrete way outside the back door below and he leant over to where his jacket hung and took a plastic sachet from its inside breast pocket. He was re-reading the directions on the back of it when a slight sound made him turn his head and he saw, to his horror, the woman herself not five feet away. Her neat head had appeared suddenly just above the flat roof of the scullery, outside the bathroom window. She

trachtete er das schmale Gehäuse, und dann ergriff er es, hob es von der Konsole, wieder mittels Taschentuch, und legte es vorsichtig ins Wasser, und zwar quer über den Abfluss am Fußende, wo es so gut wie keinen Platz einnahm. Die weiße Schnur lief über den emaillierten Rand der Badewanne und dann entlang der Scheuerleiste und unter der Tür hindurch zur Steckdose gleich draußen auf dem Absatz.

Anfangs hatte Edyth, als er das Heizgerät aufstellte, gegen diesen etwas unsicheren Platz Bedenken gehabt, aber als er ihr erklärte, die von der Stadtverwaltung hätten idiotische Einwände gegen die Anbringung von Steckdosen in Badezimmern, weil Wasser angeblich Strom leite, da hatte sie nachgegeben, sofern er die Leitung unter dem Linoleum verlegte, wo sie nicht auffiel.

Im Augenblick war das Heizgerät in der Wanne überdeutlich sichtbar. Zwar sah es so aus, als sei es durch ein Versehen an diese merkwürdige Stelle gefallen, aber niemand, der bei Sinnen war, hätte ins Wasser steigen können, ohne es zu bemerken. Ronald hielt inne, sein Blick war finster, sein hässlicher Mund schmaler denn je. Die wunderbare Einfachheit des Plans, der so unfehlbar, so zuverlässig todbringend und vor allem, soweit es ihn selbst betraf, so sicher war, ließ ihn ein weiteres Mal glücklich erschauern. Er drehte die Wasserhähne zu und wartete lauschend. Edyth kam zurück. Er hörte, wie sie etwas über den zementierten Weg unten bei der Hintertür zog, beugte sich zu seinem Jackett, das er aufgehängt hatte, und nahm aus der Brusttasche einen kleinen Plastikbeutel. Gerade las er noch einmal die Gebrauchsanweisung auf der Rückseite, als er ein leises Geräusch vernahm, und als er sich umwandte, sah er zu seinem Entsetzen seine Frau, kaum zwei Meter entfernt. Ihr wohlfrisierter Kopf war urplötzlich über dem flachen Dach des Küchenanbaus erschienen, gerade vor dem Badezimmerfenster. Vermutlich, dachte er, reinigte

was clearing the dead leaves from the guttering and must, he guessed, be standing on the tall flight of steps which were kept just inside the back door.

It was typical of the man that he did not panic. Still holding the sachet lightly he stepped between her and the bath and spoke mildly.

"What on earth are you doing there, darling?"

Edyth started so violently at the sound of his voice that she almost fell off the steps and a flush of apprehension appeared on her thin cheeks.

"Oh, how you startled me! I thought I'd just do this little job before I came up to change. If it rains the gutter floods all over the back step."

"Very thoughtful of you, my dear." He spoke with that slightly acid amusement with which he had found he could best destroy her slender vein of self-assurance. "But not terribly clever when you knew I'd come up to prepare your beauty bath for you. Or was it?"

The slight intonation on the word "beauty" was not lost on her. He saw her swallow.

"Perhaps it wasn't," she said without looking at him. "It's very good of you to take all this trouble, Ronald."

"Not at all," he said with a just amount of masculine, offhand insensitivity. "I'm taking you out tonight and I want you to look as nice as – er – possible. Hurry up, there's a good girl. The foam doesn't last indefinitely and like all these very high-class beauty treatments the ingredients are expensive. Undress in the bedroom, put on your gown and come straight along."

"Very well, dear." She began to descend at once while he turned to the bath and shook the contents of the sachet into the water. The crystals, which

sie die Regenrinne von altem Laub und stand dabei auf der großen Leiter, die neben der rückwärtigen Tür aufbewahrt wurde.

Es war bezeichnend für den Mann, dass er nicht in Panik geriet. Den Plastikbeutel locker in einer Hand, stellte er sich zwischen sie und die Badewanne und fragte milde:

«Was um Himmels willen tust du da, Liebling?»

Als sie seine Stimme hörte, zuckte Edyth so heftig zusammen, dass sie fast von der Leiter fiel, und auf ihren mageren Wangen erschien eine verlegene Röte.

«Jetzt hast du mich aber erschreckt! Ich dachte nur, ich erledige noch diese Kleinigkeit, bevor ich heraufkomme und mich umziehe. Wenn es regnet, läuft das Wasser immer aus der Rinne vor die hintere Tür.»

«Sehr vorausschauend, Liebes.» In seiner Stimme lag ein spöttischer Ton, der erfahrungsgemäß besonders gut ihr schwaches Selbstbewusstsein erschütterte. «Aber nicht sehr klug, denn du wusstest doch, dass ich heraufkommen würde, um dein Schönheitsbad vorzubereiten, oder?»

Die Art, wie er das Wort «Schönheit» betonte, entging ihr nicht. Er sah, wie sie schluckte.

«Vielleicht hast du recht», sagte sie, ohne ihn anzusehen. «Es ist wirklich nett, dass du dir so viel Mühe machst, Ronald.»

«Nicht der Rede wert», entgegnete er abwehrend und mit einer Portion männlicher Sachlichkeit. «Ich will heute abend mit dir ausgehen und möchte, dass du so hübsch aussiehst wie ... äh ... möglich. Und nun beeil dich bitte. Der Schaum hält nicht ewig, und die Zutaten bei diesen besonders guten Schönheitsprodukten sind teuer. Zieh dich im Schlafzimmer aus und schlüpf in deinen Bademantel, und dann komm gleich her.»

«Ja, Schatz.» Sie machte sich an den Abstieg, während er sich umwandte und den Inhalt des Plastikbeutels in das Badewasser schüttete. Die Kristalle, die pfirsichfarben

were peach coloured and smelled strongly of roses, floated on the tide and then, as he suddenly turned the pressure of water full on, began to dissolve into thousands of iridescent bubbles. A momentary fear that their camouflage would not prove to be sufficient assailed him, and he stooped to beat the water with his hand, but he need not have worried. The cloud grew and grew into a fragrant feathery mass which not only obscured the bottom of the bath and all it contained, but mounted the porcelain sides, smothering the white flex and overflowing on to the wall panels and the bathmat. It was perfect.

He pulled on his jacket and opened the door.

"Edyth! Hurry, dearest!" The words were on the tip of his tongue but her arrival forestalled them. She came shrinking in, her blue dressing-gown strained round her thin body, her hair thrust into an unbecoming bathing cap.

"Oh, Ronald!" she said, staring at the display aghast. "Won't it make an awful mess? Goodness! All over the floor!"

Her hesitation infuriated him.

"That won't matter," he said savagely. "You get in while the virtue of the foam is still there. Hurry. Meanwhile I'll go and change, myself. I'll give you ten minutes. Get straight in and lie down. It'll take some of the sallowness out of that skin of yours."

He went out and paused, listening. She locked the door as he had known she would. The habit of a lifetime does not suddenly change with marriage. He heard the bolt slide home and forced himself to walk slowly down the passage. He gave her sixty seconds. Thirty to take off her things and thirty to hesitate on the brink of the rosy mass.

waren und stark nach Rosen duftete, schwammen auf der Oberfläche, aber als er den Wasserhahn voll aufdrehte, lösten sie sich in tausende schillernder Bläschen auf. Einen Augenblick lang machte ihm die Angst zu schaffen, der Schaum könnte nicht dicht genug sein, und er beugte sich hinunter, um das Wasser mit der Hand aufzurühren, aber seine Sorge war unbegründet. Die Wolke wuchs und wuchs zu einer duftenden, federleichten Masse, die es nicht nur unmöglich machte, den Boden der Wanne und alles, was dort lag, zu sehen, sondern auch an den Emailwänden emporstieg, die weiße Schnur unter sich begrub und sogar die Wandkacheln und die Badematte erreichte. Besser konnte es nicht sein.

Er zog sein Jackett an und öffnete die Tür.

« Edyth ! Mach schnell, Liebling ! » Diese Worte lagen ihm auf der Zunge, aber er brachte sie nicht heraus, denn Edyth trat ein, zaghaft, den blauen Morgenmantel um den mageren Körper gewickelt, das Haar unter eine hässliche Badehaube gestopft.

« Oh, Ronald ! » rief sie entsetzt, als sie die Wanne sah. « Wird das nicht fürchterliche Flecken geben? Du liebe Güte ! Sogar auf dem Boden ! »

Ihr Zaudern machte ihn wütend.

« Das spielt doch keine Rolle », sagte er schneidend. « Setz dich rein, solange der Schaum wirkt. Schnell. Ich geh inzwischen und ziehe mich um. Du hast zehn Minuten Zeit. Steig jetzt rein und leg dich hin. Das wird deiner Haut ein bisschen Farbe geben. »

Er ging hinaus und blieb lauschend stehen. Sie schloss wie erwartet die Tür ab. Lebenslange Gewohnheiten ändern sich auch nach der Hochzeit nicht sofort. Er hörte, wie der Riegel einrastete und zwang sich, den Gang langsam hinunter zu gehen. Er ließ ihr sechzig Sekunden, dreißig, um sich auszuziehen, und dreißig, um vor der rosigen Schaumwolke zu verharren.

"How is it?" he shouted from the linen cupboard doorway.

She did not answer at once and the sweat broke out on his forehead. Then he heard her.

"I don't know yet. I'm only just in. It smells lovely."

He did not wait for the final word, his hand wrapped in his handkerchief had found the main switch again.

"One, two... three," he said with horrible prosaicness and pulled it down.

From the wall socket behind him there was a single spluttering flare as the fuse went and then silence.

All round Ronald it was so quiet that he could hear the pulses in his own body, the faraway tick of a clock at the bottom of the stairs, the dreary buzzing of a fly imprisoned against the window glass and, from the garden next door, the drone of a mower as the heavy, fresh-faced man who had moved there, performed his weekly chore shaving the little green lawn. But from the bathroom there was no sound at all.

After a while he crept back along the passage and tapped at the door.

"Edyth?"

No. There was no response, no sound, nothing.

"Edyth?" he said again.

The silence was complete and, after a minute, he straightened his back and let out a deep sighing breath.

Almost at once he was keyed up again in preparing for the second phase. As he knew well, this next was the tricky period. The discovery of the body had got to be made but not too soon. He had made that

«Wie ist es?» rief er ihr von der Tür zum Wäscheschrank aus zu.

Als sie nicht gleich antwortete, trat ihm Schweiß auf die Stirn. Dann hörte er sie.

«Ich weiß noch nicht. Ich habe mich gerade erst hineingelegt. Es duftet wunderbar.»

Er wartete das letzte Wort nicht mehr ab. Seine mit einem Taschentuch umwickelte Hand tastete sich zum Hauptschalter.

«Eins, zwei ... drei», zählte er mit eisiger Ruhe und schaltete den Strom ein.

Aus der Steckdose hinter ihm kam eine einzige Stichflamme herausgeschossen, als die Sicherung durchbrannte, dann war Stille.

Um Ronald war es ringsumher so still, dass er hören konnte, wie das Blut in seinen Adern pochte, die Uhr am unteren Ende der Treppe leise tickte, eine hinter der Fensterscheibe gefangene Fliege müde summte und ein Rasenmäher im Nachbargarten brummte, wo der dicke, rotgesichtige Mann, der dort eingezogen war, wie jede Woche damit beschäftigt war, seine kleine Rasenfläche zu scheren. Aber aus dem Badezimmer drang nicht das geringste Geräusch.

Nach einer Weile schlich er den Gang zurück und klopfte an die Tür.

«Edyth?»

Nein, da war keine Antwort, kein Laut, gar nichts.

«Edyth?» sagte er noch einmal.

Es herrschte vollkommene Stille; dann, und nach einer Minute, richtete er sich auf und stieß einen tiefen Seufzer aus.

Dann gab er sich einen Ruck und bereitete sich auf den zweiten Schritt vor. Ihm war klar, dass diese zweite Phase die schwierigste war. Die Leiche musste entdeckt werden, aber nicht zu bald. Diesen Fehler hatte er bei Dorothys

mistake about Dorothy's "accident" and had actually been asked by the local inspector why he had taken alarm so soon, but he had kept his head and the dangerous moment had flickered past. This time he had made up his mind to make it half an hour before he began to hammer loudly at the door, then to shout for a neighbour and finally to force the lock. He had planned to stroll out to buy an evening paper in the interim, shouting his intention to do so to Edyth from the front step for any passer-by to hear, but as he walked back along the landing he knew there was something else he was going to do first.

Edyth's leather writing-case in which she kept all her private papers was in the bottom of her soft-topped canvas hatbox. She had really believed he had not known of its existence, he reflected bitterly. It was locked, as he had discovered when he had at last located it, and he had not prized the catch for fear of putting her on her guard, but now there was nothing to stop him.

He went softly into the bedroom and opened the wardrobe door. The case was exactly where he had last seen it, plump and promising, and his hands closed over it gratefully. The catch was a little more difficult than he had expected but he got it open at last and the orderly contents of the leather box came into view. At first sight it was all most satisfactory, far better than he had anticipated. There were bundles of savings certificates, one or two thick envelopes whose red seals suggested the offices of lawyers and, on top, ready for the taking, one of those familiar blue books which the Post Office issues to its savings bank clients.

He opened it with shaking fingers and fluttered through the pages. Two thousand. The sum made

«Unfall» gemacht und war daraufhin vom örtlichen Inspektor gefragt worden, warum er schon so schnell Verdacht geschöpft habe, aber er hatte die Nerven behalten, und nach einem unruhigen Augenblick war die Gefahr vorüber. Diesmal hatte er beschlossen, erst nach einer halben Stunde an die Tür zu hämmern, dann einen Nachbarn herbeizurufen und schließlich die Tür aufzubrechen. In der Zwischenzeit wollte er gehen und sich eine Abendzeitung kaufen, und diese Absicht wollte er Edyth von der Haustür aus zurufen, so dass zufällige Passanten es hören konnten; aber als der den Gang zurückging, fiel ihm etwas ein, das er vorher tun würde.

Edyths Schreibmappe, in der sie alle ihre persönlichen Papiere aufbewahrte, befand sich ganz unten in ihrer Hutschachtel mit dem gepolsterten Deckel. Sie hatte tatsächlich geglaubt, dachte er bitter, dass er von deren Existenz nichts ahnte. Dass die Mappe verschlossen war, wusste er, seit er sie nach langem Suchen entdeckt hatte; er hatte das Schloss nicht aufgebrochen, um nicht ihren Verdacht zu erregen, doch jetzt konnte ihn nichts mehr davon abhalten.

Leise ging er ins Schlafzimmer und öffnete den Kleiderschrank. Die Hutschachtel lag dort, wo er sie zuletzt gesehen hatte, rund und verheißungsvoll, und freudig nahm er sie in seine Hände. Das Schloss ließ sich nicht so leicht öffnen wie erwartet, aber schließlich gelang es ihm, und der säuberlich geordnete Inhalt des Lederetuis kam zum Vorschein. Auf den ersten Blick war alles sehr zufriedenstellend, weit besser als gedacht. Da waren ganze Bündel von Sparbriefen, ein oder zwei Umschläge, deren rote Siegel auf Notare hindeuteten, und obenauf lag griffbereit eins der wohlbekannten blauen Büchlein, wie sie die Post ihren Sparkontoinhabern ausstellt.

Er schlug es mit zitternden Fingern auf und blätterte darin. Zweitausend. Bei dieser Summe stieß er einen leisen

him whistle. Two thousand eight hundred and fifty. She must have paid in a decent dividend there. Two thousand nine hundred. Then a drop as she had drawn out a hundred pounds for her trousseau. Two thousand eight hundred. He thought that was the final entry but on turning the page saw that there was yet one other recorded transaction. It was less than a week old. He remembered the book coming back through the mail and how clever she had thought she had been in smuggling the envelope out of sight. He glanced at the written words and figures idly at first but then as his heart jolted in sudden panic stared at them, his eyes prominent and glazed. She had taken almost all of it out. There it was in black and white: *September 4th Withdrawal Two thousand seven hundred and ninety-eight pounds.*

His first thought was that the money must still be there, in hundred-pound notes perhaps in one of the envelopes. He tore through them hastily, forgetting all caution in his anxiety. Papers, letters, certificates fell on the floor in confusion.

The envelope, addressed to himself, pulled him up short. It was new and freshly blotted; the name inscribed in Edyth's own unexpectedly firm hand. Ronald Torbay, Esqre.

He wrenched it open and smoothed the single sheet of bond paper within. The date, he noted in amazement, was only two days old.

Dear Ronald,
If you ever get this I am afraid it will prove a dreadful shock to you. For a long time I have been hoping that it might not be necessary to write it but now your behaviour has forced me to face some very unpleasant possibilities.

Pfiff aus. Zweitausendachthundertfünfzig. Da musste sie eine stattliche Dividende eingezahlt haben. Zweitausendneunhundert. Dann ein Minus, als sie hundert Pfund für ihre Aussteuer abgehoben hatte. Zweitausendachthundert. Er glaubte schon, das sei der letzte Stand, da blätterte er um und sah, dass es noch eine Kontobewegung gegeben hatte. Das war noch nicht mal eine Woche her. Er erinnerte sich, wie das Sparbuch mit der Post zurückgekommen war und wie sie geglaubt hatte, sie habe das Postkuvert geschickt verschwinden lassen. Zuerst schenkte er den Ziffern und Worten kaum Beachtung, aber dann stockte ihm das Herz vor Entsetzen, und ihm traten fast die Augen aus dem Kopf, als er darauf starrte. Sie hatte fast alles abgehoben. Da stand es schwarz auf weiß: *4. September Auszahlung zweitausendsiebenhundertachtundneunzig Pfund.*

Sein erster Gedanke war, das Geld müsse doch noch da sein, vielleicht in Hundert-Pfund-Scheinen in einem der Umschläge. Hastig riss er sie auf und vergaß in seiner Erregung alle Vorsicht. Papiere, Briefe, Zertifikate fielen kreuz und quer auf den Boden.

Ein Umschlag, der an ihn adressiert war, ließ ihn stutzen. Er war neu, die Tinte frisch, der Name in Edyths eigener unvermutet energischer Handschrift notiert: Herrn Ronald Torbay.

Er öffnete ihn und entfaltete das Blatt Schreibpapier, das er darin fand. Erstaunt stellte er fest, dass es das Datum von vor zwei Tagen trug.

Lieber Ronald,
falls Du diesen Brief je erhältst, wird er Dir, fürchte ich, einen schlimmen Schock versetzen. Ich hatte lange gehofft, es würde nicht nötig sein, ihn zu schreiben, aber nun zwingt mich Dein Verhalten dazu, mit einigen unangenehmen Möglichkeiten zu rechnen.

I am afraid, Ronald, that in some ways you are very old-fashioned. Had it not occurred to you that any homely middle-aged woman who has been swept into hasty marriage to a stranger must, unless she is a perfect idiot, be just a little suspicious and touchy on the subject of *baths*?

Your predecessor James Joseph Smith and his Brides are not entirely forgotten, you know.

Frankly, I did not want to suspect you. For a long time I thought I was in love with you, but when you persuaded me to make my will on our wedding day I could not help wondering, and then as soon as you started fussing about the bathroom in this house I thought I had better do something about it rather quickly. I am old-fashioned too, so I went to the police.

Have you noticed that the people who have moved into the house next door have never tried to speak to you? We thought it best that I should merely talk to the woman over the garden wall, and it is she who has shown me the two cuttings from old provincial newspapers each about women who met with fatal accidents in bubble-baths soon after their marriages. In each case there was a press snapshot of the husband taken at the funeral. They are not very clear but as soon as I saw them I realized that it was my duty to agree to the course suggested to me by the inspector who has been looking for a man answering that description for three years, ever since the two photographs were brought to his notice by your poor second wife's brother.

What I am trying to say is this: if you should ever lose me, Ronald, out of the bathroom I mean, you will find that I have gone out over the roof and am sitting in my dressing-gown in the kitchen

Ich fürchte, Ronald, dass Du in gewisser Hinsicht sehr altmodisch bist. Ist es Dir nie in den Sinn gekommen, dass jede unscheinbare Frau mittleren Alters, die sich zu einer übereilten Ehe mit einem völlig Fremden hat hinreißen lassen, im Hinblick auf *Wannenbäder* (wenn sie bei Sinnen ist) ein wenig Misstrauen und Vorsicht walten lässt?

Dein Vorgänger James Joseph Smith und seine Bräute sind schließlich noch in guter Erinnerung.

Eigentlich wollte ich Dir immer vertrauen. Lange glaubte ich, in Dich verliebt zu sein, aber als Du mich an unserem Hochzeitstag dazu überredet hast, ein Testament zu machen, da wurde ich doch nachdenklich, und als Du Dir dann im Badezimmer dieses Hauses zu schaffen machtest, kam ich zu der Überzeugung, nun müsse schnell etwas geschehen. Ich bin nämlich auch altmodisch, deshalb ging ich zur Polizei.

Ist Dir nicht aufgefallen, dass die Leute, die im Nachbarhaus eingezogen sind, nie ein Gespräch mit Dir angefangen haben? Wir fanden es besser, wenn ich mich nur mit der Frau über den Gartenzaun unterhielte. Sie war es auch, die mir zwei Ausschnitte aus alten Lokalzeitungen zeigte, in denen es jedesmal um Frauen ging, die kurz nach ihrer Hochzeit im Schaumbad einen tödlichen Unfall hatten. Beide Male war ein Pressefoto dabei, das den Ehemann bei der Beerdigung zeigte. Die Bilder sind nicht besonders scharf, aber sobald ich sie sah, war mir klar, dass es meine Pflicht war, mich an dem Vorgehen, zu dem der Inspektor mir riet, zu beteiligen, der seit drei Jahren – seit ihm die beiden Fotos vom Bruder Deiner armen zweiten Frau vorgelegt wurden – einen Mann sucht, auf den diese Beschreibung passt.

Ich will damit sagen: Wenn ich einmal nicht mehr da bin, Ronald, ich meine: im Badezimmer, dann wirst Du merken, dass ich auf das Dach hinausgeklettert bin und in meinem Morgenmantel in der Küche nebenan sitze. Ich

next door. I was a fool to marry you but not quite such a fool as you assumed. Women may be silly but they are not so stupid as they used to be. We are picking up the idea, Ronald.

Yours, Edyth

P. S. On re-reading this note I see that in my nervousness I have forgotten to mention that the new people next door are not a married couple but Detective Constable Batsford of the CID and his assistant, Policewoman Richards. The police assure me that there cannot be sufficient evidence to convict you if you are not permitted to attempt the crime again. That is why I am forcing myself to be brave and to play my part, for I am very sorry for those other poor wives of yours, Ronald. They must have found you as fascinating as I did.

With his slit mouth twisted into an abominable "O", Ronald Torbay raised haggard eyes from the letter.

The house was still quiet and even the whine of the mower in the next door garden had ceased. In the hush he heard a sudden clatter as the back door burst open and heavy footsteps raced through the hall and up the stairs towards him.

war so närrisch, Dich zu heiraten, aber ich bin nicht ganz so närrisch, wie Du denkst. Frauen tun vielleicht törichte Dinge, aber sie sind nicht mehr so dumm wie früher. Wir lernen dazu, Ronald.

Deine Edyth

P.S. Beim Durchlesen dieser Zeilen bemerkte ich, dass ich in meiner Aufregung vergessen habe zu erwähnen, dass die neuen Bewohner nebenan kein Ehepaar sind, sondern Kriminalwachtmeister Batsford und seine Assistentin, Polizistin Richards. Die Polizei hat mir versichert, dass sie nur dann genügend Beweismaterial für eine Verurteilung haben wird, wenn man dich versuchen lässt, dieses Verbrechen noch einmal zu begehen. Deshalb zwinge ich mich dazu, tapfer zu sein und meine Rolle zu spielen, denn deine anderen armen Frauen, Ronald, tun mir von Herzen leid. Sie müssen von Dir genauso bezaubert gewesen sein wie ich.

Ronald Torbays schlitzartiger Mund war zu einem abscheulichen «O» verzogen, als er mit stierem Blick von dem Brief aufsah.

Im Haus war es weiter still, und selbst das Heulen des Rasenmähers nebenan war verstummt. In dieser Stille hörte Ronald nun plötzlich ein Poltern, als die hintere Tür aufgestoßen wurde und schwere Stiefel durch den Vorplatz rannten und dann die Treppe herauf zu ihm.

Anmerkungen

Zu Doyle

Seite 6, Textzeile 5 *Dartmoor* – Hügeliges Hochmoor und Heideland in der Grafschaft Devon (früher auch *Devonshire*) in Südwestengland. Lange Zeit wurde im Dartmoor Zinn abgebaut, daher weiter unten der Hinweis auf Bergwerksschächte.

Seite 16, Zeile 8 v.u. *furlong* – Längenmaß, Achtelmeile (220 yards, ca. 201 m).

Seite 24, Zeile 11 *Penang lawyer* – Spazierstock mit schwerem Knauf; diente zur Zeit der britischen Kolonialherrschaft in Penang (Malaysia) dazu, Streitigkeiten zu schlichten.

Seite 36, Zeile 1 *sovereign* – (hist.) Goldmünze im Wert von £1; vor der Umstellung auf das Dezimalsystem im Jahre 1971 hatte ein Pfund zwanzig *shilling* (s.u.) und ein Shilling zwölf *pence. Guinea* (s.u.) hieß bis 1813 eine Goldmünze im Wert von 21 Shilling, die Bezeichnung erhielt sich aber noch lange danach bei der Berechnung von Arzt- und Anwaltshonoraren sowie auf Rechnungen teurer Geschäfte. *Half a crown* (s.u.) war eine Münze im Wert von zwei Shilling und sechs Pence.

Seite 36, Zeile 7 v.u. *Bond Street* – Elegante Londoner Geschäftsstraße.

Seite 58, Zeile 13 v.u. *Wessex plate…* – Gemeint ist, dass das siegreiche Pferd in diesem Rennen für jede Handbreit (4 inches, ca. 10 cm) seiner Größe £50 erhält und zusätzlich £1000.

Seite 64, Zeile 12 *Pullman car* – Bequemer Salonwagen der Eisenbahn, von George Pullman (1831-97) erfunden.

Seite 106, Textzeile 4 *undergrad* – Abkürzung für «undergraduate», die Bezeichnung für einen Studenten, der noch kein Examen abgelegt hat.

Seite 106, Zeile 7 *commoner's gown* – «Commoner» heißen in Oxford und Cambridge Studenten, die kein Stipendium erhalten. Traditionell tragen Universitätsangehörige in England – zumindest zu besonderen Anlässen – einen schwarzen Talar, wobei bestimmte Merkmale wie die Farbe des Saums an der Kapuze erkennen lassen, welchen Status sie haben (Student, Doktor der Philosophie usw.).

Seite 106, Zeile 12 *Master* – In einigen Colleges in Oxford und Cambridge die Bezeichnung für deren Leiter oder Rektor.

Seite 106, Zeile 6 v.u. *Piccadilly* – Große Geschäftsstraße im Londoner West End.

Seite 108, Zeile 6 *townees* – Gemeint sind die Bürger von Oxford. Das Verhältnis zwischen Bürgern und Studenten (*town and gown*) ist manchmal etwas angespannt.

Seite 108, Zeile 8 v.u. *'varsity* – Abkürzung für «university». Die Schreibweise gibt eine in oberen sozialen Schichten früher übliche Aussprache wieder, die sich mit «nasty» (*narsity*) reimt. Dieser Reim ist in der Übersetzung weggefallen.

Seite 110, Zeile 3 *college* – Selbständige Bildungseinrichtung innerhalb einer Universität, besonders in Oxford und Cambridge.

Seite 110, Zeile 14 *Bursar* – Der für die Finanzen u.a. zuständige Verwalter eines Colleges.

Seite 110, Zeile 21 *Literæ Humaniores* – In Oxford: Geisteswissenschaften.

Seite 112, Zeile 2 *Commem(oration) Ball* – In Oxford: jährliche Feier zu Ehren der Gründer und Förderer der Colleges.

Seite 112, Zeile 4 *Senior Common Room* – In Colleges in Oxford: Gemeinschaftsraum für Dozenten; daher auch: die Dozenten

Seite 112, Zeile 5 *quad* – Abkürzung für *quadrangle*, Innenhof eines Colleges in Oxford

Seite 112, Zeile 12 v.u. *M.A.* – (Master of Arts), akademischer Titel, der nach dem ersten Studienabschluss (B.A.) erworben werden kann. Der nächsthöhere ist der Doktorgrad (in England oft Ph.D.).

Seite 112, Zeile 10 v.u. *Bodleian Library* – (umgangssprachlich auch *Bod* oder *Bodder*, siehe Seite 128, Zeile 10 v.u.), die Hauptbibliothek der Universität Oxford, die sich aus mehreren Bibliotheken zusammensetzt, u.a. der Duke Humfrey's Library.

Seite 114, Zeile 7 *the Sword of the Lord...* – Im Alten Testament (Richter 7, 18-20) der Schlachtruf der Gefolgsmänner Gideons.

Seite 116, Zeile 13 *Scarlet Woman* – In der Bibel (Offenbarung 17, 1-5) die Bezeichnung für das sündhafte Babylon, heute: Prostituierte.

Seite 126, Zeile 8 v.u. *Phi book* – Ein Wortspiel, das darauf beruht, dass der Name für den griechischen Buchstaben Phi genauso ausgesprochen wird wie das Wort « fie ! » (pfui).

Seite 128, Zeile 23 *Fellow* – Mitglied eines College oder einer Universität, das dort forscht und meist auch lehrt.

Fortsetzung →

Agatha Christie: Hercule Poirot, Miss Marple and… Three Whodunits / Drei Fälle – dtv 9118
Arthur Conan Doyle: Four Penny Shockers / Vier kurze Krimis – dtv 9235
Edgar Wallace: Crime Classics/Krimiklassiker. Vier spannende Fälle – dtv 9462

Wenn Sie aber doch auch Franzosen in Betracht ziehen:

Georges Simenon: Maigret et l'Inspecteur Malgracieux / Maigret und der brummige Inspektor – dtv 9367

Einzelne «Whodunits» (welcher literarische Gattungsbegriff natürlich abgeleitet ist von «Who has done it?») stehen immer mal auch in unseren Sammlungen gemischter Kurzgeschichten. Es lohnt sich, von Zeit zu Zeit unser Verzeichnis zu erbitten oder uns im Internet zu besuchen.

Deutscher Taschenbuch Verlag,
Friedrichstraße 1 a, 80801 München
www.dtv.de zweisprachig@dtv.de